COOK'S BIBLE
Backen

COOK'S BIBLE

Backen

FRISCH AUS DEM OFEN

Parragon

Bath • New York • Singapore • Hong Kong • Cologne • Delhi
Melbourne • Amsterdam • Johannesburg • Auckland • Shenzhen

Layout: Talking Design
Zusätzliche Fotografien: Clive Bozzard-Hill (Seite 49, 50, 57, 62, 85, 94, 103, 105, 109, 123, 127, 133, 134, 141, 165, 166, 171, 177, 178, 203, 207, 210, 216, 219, 221)
Zusätzliches Food-Styling: Valerie Barrett (Seite 49, 50, 57, 62, 85, 94, 103, 105, 109, 123, 127, 133, 134, 141, 165, 166, 171, 177, 178, 203, 207, 210, 216, 219, 221)
Zusätzliche Rezepte: Angela Drake (Seite 48, 56, 84, 104, 126, 132, 170, 176, 206, 211)

Parragon Books Ltd
Queen Street House
4 Queen Street
Bath BA1 1HE, UK

Realisation der deutschen Ausgabe: trans texas publishing, Köln
Übersetzung: Kathrin Jurgenowski, Köln; u. a
Lektorat: Kristina Bönig, Köln
Satz und Projektmanagement: Nazire Ergün, Köln

ISBN 978-1-4454-4416-1

Printed in China

Hinweis
Sofern die Schale von Zitrusfrüchten benötigt wird, verwenden Sie unbedingt unbehandelte Früchte. Sind Zutaten in Löffeln angegeben, ist immer ein gestrichener Löffel gemeint: Ein Teelöffel entspricht 5 ml, ein Esslöffel 15 ml. Sofern nicht anders angegeben, wird Vollmilch (3,5 % Fett) verwendet. Es sollte stets frisch gemahlener schwarzer Pfeffer verarbeitet werden. Bei Eiern und einzelnen Gemüsesorten, z. B. Kartoffeln, verwenden Sie mittelgroße Exemplare. Kinder, ältere Menschen, Schwangere, Kranke und Rekonvaleszenten sollten auf Gerichte mit rohen oder nur leicht gegarten Eiern verzichten. Die angegebenen Zeiten können von den tatsächlichen leicht abweichen, da je nach verwendeter Zubereitungsmethode und vorhandenem Herdtyp Schwankungen auftreten.

INHALT

Einleitung

Kaum eine andere Kochkunst garantiert so schnellen und wohlschmeckenden Erfolg wie das Backen. Zum einen können Sie Ihre Familie und Freunde mit wahren Köstlichkeiten verwöhnen, zum anderen werden Sie überrascht sein, wie viel Freude und Spaß Backen bereitet. Die Grundschritte des Backens sind leicht zu erlernen, und auch ohne spezielle Ausrüstung können Sie eindrucksvolle Kuchen und Torten zubereiten. Mit etwas Übung werden Sie im Handumdrehen zum Backprofi!

Natürlich können Sie heute auch durchaus köstliche Fertigkuchen kaufen. Einen herrlich duftenden Kuchen selbst zu backen, ohne dafür mehr Geld auszugeben als für einen fertigen, und dabei genau zu wissen, welche Zutaten er enthält, ist jedoch ein ganz anderes Erlebnis. Für Kinder ist Backen ein idealer Einstieg in die Küchenarbeit, und fast alle Kinder backen liebend gern.

Die ersten Schritte

Backformen

Wenn Sie häufiger backen, sollten Sie sich eine Grundausstattung an Backformen zulegen.

- Backbleche – mit und ohne Rand
- runde und viereckige tiefe Backformen mit 18–23 cm Ø
- runde, flache Backformen mit 18–20 cm Ø
- ein rechteckiger Tortenrahmen, etwa 20 x 30 cm
- eine runde Springform, 20–23 cm Ø
- Kastenformen (für 500-g- und 1000-g-Laibe)
- eine Muffinform für 12 Muffins
- ein Blech mit 12 flachen Vertiefungen
- eine Tarteform mit Hebeboden, 20–23 cm Ø

Bei Bedarf können Sie den Bestand um ausgefallenere Formen wie Gugelhupfformen, ein Madeleine-Blech oder Obsttörtchenformen erweitern.

Achten Sie auf gute Qualität, denn hochwertige Backformen leiten die Hitze gleichmäßig, verbiegen sich nicht und setzen auch nach Jahren keinen Rost an. Edelstahlformen halten lange und sind sehr stabil, während Aluminium preiswert, aber weniger langlebig ist. Beschichtete Formen sind sehr praktisch zum Auslösen der Backware, können aber recht anfällig für Kratzer sein. Eine gute, aber nicht ganz billige Alternative sind biegsame Silikonformen.

Warum die Verwendung der richtigen Backform wichtig ist

Falls möglich, sollten Sie immer die im Rezept angegebene Backform verwenden, denn die angegebene Backzeit ist darauf abgestimmt. Mit einer anderen Backform kann unter Umständen eine andere Backzeit erforderlich sein.

Falls Sie nicht die passende Backform zur Hand haben

Wenn Sie die richtige Form nicht im Haus haben, müssen Sie nicht sofort eine entsprechende Form kaufen oder Ihr Backvorhaben aufgeben. In der Regel können Sie eine andere Form mit dem gleichen Volumen einsetzen.

Wenn Sie einen runden Kuchen lieber als Rechteck backen wollen, sollten Sie die rechteckige Form immer mit etwa 2–3 cm weniger Seitenlänge wählen; statt einer runden Form mit 23 cm Durchmesser kann also eine quadratische mit 20 cm Seitenlänge verwendet werden.

Im Fachhandel sind auch große rechteckige Backformen erhältlich, die mit variablen und herausnehmbaren „Trennwänden" ausgestattet sind und somit jede Größe annehmen können.

Ausstattung

Backofen
Um gute Ergebnisse zu erzielen, ist ein zuverlässiger Backofen unerlässlich. Prüfen Sie mit einem Ofenthermometer, ob Ihr Gerät präzise arbeitet. Vor dem Backen sollten Sie den Ofen stets 10–15 Minuten vorheizen. Bei Umluftöfen verringert sich die Backzeit im Vergleich zu herkömmlichen Elektro- oder Gasöfen. Sie können deshalb 5–10 Minuten von der Backzeit abziehen oder die Temperatur 10–20 °C niedriger einstellen als angegeben.

Widerstehen Sie dem Drang, den Ofen während des Backvorgangs zu öffnen. Vor allem zu Beginn des Backens kann ein plötzlicher kalter Luftzug den Teig zusammenfallen lassen.

Waage
Küchenprofis können das Gewicht vieler Zutaten auch ohne Küchenwaage schätzen, aber in der Regel ist eine präzise Küchenwaage vor allem beim Backen unerlässlich. Bei richtigem Gebrauch sind Digitalwaagen, Feder- oder Balkenwaagen alle gleich zuverlässig. Um ganz sicher zu gehen, sollten Sie jedoch für alle Zutaten in einem Rezept stets dieselbe Waage verwenden. Stellen Sie Ihre Waage auf eine ebene Fläche und wiegen Sie alle Zutaten ab, bevor Sie mit dem Backen beginnen.

Messbecher
Am besten eignen sich Messbecher aus hitzebeständigem Glas oder transparentem Kunststoff. Sie sind leicht zu reinigen und sehr beständig. Messbecher aus Metall oder Keramik leisten zwar auch gute Dienste, sind aber undurchsichtig und daher schlechter abzulesen. Achten Sie darauf, dass Ihr Messbecher einen tropffreien Ausguss und gut lesbare Markierungen besitzt. Zum Abmessen stellen Sie den Becher auf eine ebene Fläche und bringen Ihre Augen auf Höhe des Bechers.

Messlöffel
Verwenden Sie Messlöffel, denn normale Ess- und Teelöffel sind nicht genormt. Falls im Rezept nicht anders angegeben, gilt das gestrichene Maß. Ziehen Sie dafür eine Messerklinge über den Löffel.

Küchenmaschine/Handmixer
Für weichere Teige und zum Schaumigschlagen und Verquirlen von Flüssigkeiten eignet sich ein herkömmlicher Handmixer mit starkem Motor. Zum Kneten von Teigen oder bei größeren Mengen sollten Sie eine Küchenmaschine benutzen, da das Mixen von Hand anstrengend werden kann. Achten Sie stets darauf, Teige nicht zu lange in der Küchenmaschine zu kneten, da sie sonst zu fest werden. Verwenden Sie für schaumige, leichte Flüssigkeiten oder zum Aufschlagen von Eiweiß immer den Handmixer, da in der Küchenmaschine nicht genügend Luft untergeschlagen werden kann.

Löffel
Holzlöffel sind sehr praktisch zum Unterheben und vorsichtigen Verrühren. Sie sollten allerdings nicht für sehr aromatische Zutaten verwendet werden, da sie den Geruch leicht annehmen.

Hitzebeständiger Kunststoff oder Melamin sind langlebig, stabil und nehmen Gerüche weniger leicht an. Auch Metalllöffel können verwendet werden.

Teigschaber
Mit einem biegsamen Gummi- oder Silikonteigschaber können Sie Teig aus der Schüssel nehmen, in die Backform füllen

und dort verstreichen. Er eignet sich auch zum Glattstreichen von Sahne oder Cremes auf Torten.

Schüsseln

Eine Auswahl an Schüsseln verschiedener Größen ist unerlässlich. Am besten eignen sich solche aus gehärtetem Glas, da sie kratzfest, hitzebeständig und leicht zu reinigen sind. Schüsseln aus Melamin oder Porzellan haben oft eine Tülle zum Ausgießen und eine Antirutsch-Beschichtung.

Kuchengitter

Auf einem Kuchengitter kühlen die Backwaren aus, ohne dass sich Kondenswasser am Boden bildet, wodurch das Gebäck feucht wird und dadurch weniger länger haltbar ist. Kuchengitter gibt es in einfacher Ausführung für den einzelnen Kuchen oder für große Mengen Plätzchen auch mehrstöckig.

Siebe

Sinnvoll ist die Anschaffung von Küchensieben in drei verschiedenen Größen. Sie sollten aus hochwertigem, rostfreiem Metall oder aus Nylon bestehen. Zum Sieben von Mehl benötigen Sie ein möglichst feines Haarsieb, zum Abtropfen von Zutaten reicht auch ein gröberes Sieb.

Reibe

Zum Reiben und Hobeln von Zutaten wie Zitronenschale, Käse, Apfel, Schokolade oder Muskat eignen sich sowohl Vierkantreiben aus rostfreiem Stahl wie auch die sogenannte Mandoline, eine flache Reibe mit austauschbarem Reiben- und Hobeleinsatz.

Saftpresse

Eine einfache Zitronenpresse mit Siebeinsatz für die Kerne reicht für den Hausgebrauch. Benötigen Sie große Mengen Saft, können Sie auch eine automatische Saftpresse verwenden, das spart Zeit, beschert Ihnen aber ebenso ein paar Kerne.

Nudelholz

Zum Ausrollen von Plätzchen- oder Mürbeteig brauchen Sie ein Nudelholz, das Sie auch zum Formen von fertig gebackenen Waffeln verwenden können. Anders als der Name vermuten lässt, bestehen Nudelhölzer mitunter aus Glas, Marmor oder Granit.

Backpinsel

Backpinsel können Sie sowohl zum Einfetten als auch zum Auftragen von Glasuren verwenden. Sie sind mit Echthaar- oder Kunststoffborsten erhältlich. Achten Sie darauf, den Pinsel nach Gebrauch gründlich zu reinigen.

Ausstechformen

Welche Form und welches Material Sie für das Ausstechen von Plätzchen verwenden, bleibt Ihnen überlassen. Wichtig ist nur, dass die Formen an der Unterkante scharf sind.

Spritzbeutel und Tüllen

Zum Auftragen von dekorativen Verzierungen aus Zuckerguss und Kuvertüre sowie zum Formen von Spritzgebäck benötigen Sie einen Spritzbeutel, entweder in Form einer Einweg-Tülle oder aus Nylon zur mehrfachen Verwendung. Als Grundausstattung reicht eine kleine, runde Tülle zum Schreiben, eine große, runde Tülle sowie eine große und eine kleine Sterntülle.

Zutaten

Mehl

Weizenmehl ist das meistverwendete Mehl zum Backen. Type 405 eignet sich sehr gut zum vielseitigen Backen; Type 550 ist ideal für feine Teige wie Biskuit. Die anderen Mehltypen werden vor allem zum Backen von Brot verwendet.

Weizenvollkornmehl besteht, wie der Name schon sagt, aus dem vollen, also ungeschält gemahlenen Getreide. Es ist gröber und schwerer als Weißmehl. Für Vollkornmehle gibt es keine Typenbezeichnungen. Vollkornmehl hat einen stärkeren Eigengeschmack als Weißmehl und einen hohen Gehalt an gesunden Ballaststoffen.

Andere Mehlsorten wie Buchweizen-, Mais-, Roggen-, Reis- oder Mandelmehl kommen aufgrund ihres starken Aromas nur vereinzelt in den Rezepten zum Einsatz.

Zucker

Die meisten Zuckersorten werden entweder aus Zuckerrohr oder aus Zuckerrüben hergestellt. Es gibt eine große Zahl an Zuckersorten, die sich jeweils für bestimmte Zubereitungsarten und Aromen eignen. Aus Zuckerrohr gewonnener Zucker enthält im Vergleich zum Zucker aus Zuckerrüben eine größere Menge an Mineralien, Vitaminen und Spurenelementen.

Weißer Zucker ist in verschiedenen Feinheitsgraden erhältlich: als Kristall-, Fein- oder Puderzucker. Zum Backen eignet sich am besten Feinzucker, da sich seine kleinen Kristalle schnell auflösen.

Brauner Rohrohrzucker ist teilweise raffiniert und als Kristall-, Fein- oder Puderzucker erhältlich.

Vollrohrzucker ist der reine getrocknete Saft des Zuckerrohrs. Er hat eine kräftige braune Farbe und enthält alle im Zuckerrohr enthaltenen Mineralien. Er hat einen starken Eigengeschmack und wird gern für Obstkuchen verwendet.

Dunkler Muskovado-Zucker ist unraffinierter, brauner Rohrzucker, der weniger intensiv schmeckt als Vollrohrzucker. Er hat eine dunkle Farbe und eignet sich perfekt für Früchtebrote und Gingerbread.

Hellbrauner Muskovado-Zucker ist eine hellere Variante, die häufig für Muffins, Plätzchen und Gewürzbrote verwendet wird.

Demerara-Zucker ist mit Melasse aus Zuckerrohr versetzt und bildet große, braune Kristalle. Man verwendet ihn wegen seiner knusprigen Textur auch zum Bestreuen von Keksen und Streuselgebäck.

Brauner Zucker ist nicht, wie viele meinen, ein gesünderer Zucker, sondern schlicht braun eingefärbter weißer Zucker. Es gibt ihn ebenso wie den weißen Zucker in verschiedenen Feinheitsgraden.

Puderzucker ist sehr feiner Zucker, der sich in Flüssigkeiten fast sofort auflöst. Entsprechend setzt man ihn meist für Zuckerguss, Glasuren und feine Füllungen ein.

Fette

Butter hat einen köstlichen Eigengeschmack, der in Backwaren gut zur Geltung kommt. Daher sollte sie erste Wahl für das Backfett sein. Für Kuchen sollte Butter zimmerwarm verwendet werden. Mürbeteig hingegen verlangt kalte Butter.

Margarine ist für manche Bäcker das bevorzugte Backfett. Sie hat den Vorteil, dass sie sich auch kalt sehr gut mit anderen Zutaten verrühren lässt. Daher ist sie für den All-in-Teig geeignet.

Fettreduzierte Margarine eignet sich hingegen nicht zum Backen.

Kokosfett eignet sich vor allem zum Frittieren von Backwaren, da sich die Struktur seiner Fettsäuren auch bei hohen Temperaturen nicht ändert. Es sollte jedoch nicht über 180 °C erhitzt werden.

Eier

Eier sollten stets im Kühlschrank und fern von sehr aromatischen Lebensmitteln aufbewahrt werden. Vor der Verarbeitung sollten sie aber immer auf Zimmertemperatur erwärmt werden, da sich kalte Eier nicht so schnell mit anderen Zutaten verbinden.

Backtriebmittel

Backpulver enthält Natron, das bei Kontakt mit Flüssigkeit Kohlendioxid freisetzt, wodurch der Teig aufgeht.

Hefe ist ein einzelliger Pilz, der den natürlichen Zucker im Mehl veranlasst, Kohlendioxid zu bilden. Hefe braucht für diesen Prozess Wärme, Feuchtigkeit und Zucker. Sie ist zum Backen als getrocknetes Pulver und als Frischhefe erhältlich. Frischhefe muss in einem Vorteig angesetzt werden.

Backformen und Backbleche vorbereiten

Nicht für jeden Teig muss man das Backblech oder die Backform aufwendig vorbereiten. Für einen einfachen Biskuitboden reicht es in der Regel, die Seiten der Form mit Öl oder zerlassener Butter zu bestreichen und den Boden mit Backpapier auszulegen. Sehr fette oder fettarme Teige hingegen erfordern eine genauere Vorbereitung, damit der Teig nicht haften bleibt.

Eine runde Backform vorbereiten

1. Die Backform einfetten. Ein Stück Backpapier so zurechtschneiden, dass es etwa 2 cm länger als der Umfang der Form und etwa 1 cm breiter als die Höhe der Form ist.
2. Über die gesamte Länge des Streifens eine Lasche von 1 cm Breite falzen und wieder auffalten.
3. Mit der Schere die Lasche viele Male quer einschneiden. Den Streifen dann mit der Lasche nach unten in die Seitenwand einpassen, sodass sich die Laschenteile ein wenig übereinanderlegen und der Streifen an der Seitenwand anliegt.
4. Die Form auf ein weiteres Stück Backpapier stellen und mit einem Stift den Umriss der Form auf das Papier zeichnen. Den Kreis an der Innenkante ausschneiden und in die Form legen. Das ausgelegte Papier mit Fett bestreichen.

Eine rechteckige Backform vorbereiten

1. Die Backform einfetten. Ein Stück Backpapier so zurechtschneiden, dass es etwa 2 cm länger als der Umfang der Form und etwa 1 cm breiter als die Höhe der Form ist.
2. Über die gesamte Länge des Streifens eine Lasche von 1 cm Breite falzen und wieder auffalten. Den Streifen dann an den Seitenwänden der Form entlang auslegen. In den Ecken die Lasche so einschneiden, dass sich die Laschenteile übereinanderlegen und der Streifen sich gut in die Ecke einpasst.
3. Die Form auf ein weiteres Stück Backpapier stellen und mit einem Stift den Umriss der Form auf das Papier zeichnen. Das Rechteck an der Innenkante ausschneiden und in die Form legen. Das ausgelegte Papier mit Fett bestreichen.

Einen Tortenrahmen vorbereiten

1. Die Seiten und den Boden einfetten. Ein Stück Backpapier ausschneiden, dessen Seiten etwa 7 cm breiter sind als der Rahmen.
2. Den Rahmen mittig auf dem Backpapier platzieren und von jeder Ecke des Backpapiers aus jeweils einen diagonalen Schnitt setzen, der auf die nächstliegende Ecke des Rahmens zuführt.
3. Das Papier dann in den Rahmen legen, sodass die diagonal eingeschnittenen Teile sich überlappen und somit in die Ecken einpassen.

Eine Kastenform vorbereiten

1. Die Form einfetten. Ein Stück Backpapier so zurechtschneiden, dass es so breit wie der Boden der Form ist und so lang, dass es den Boden und die beiden Längswände bedeckt. Das Stück in die Form legen.
2. Ein zweites Stück zurechtschneiden. Es sollte so breit sein, wie der Boden der Form lang ist. In der Länge muss es den Boden und die beiden Querwände der Form bedecken können. Das Stück quer über das erste in die Form legen. Das Papier einfetten.

Eine Form bemehlen

1. Die Form einfetten und den Boden mit Backpapier auslegen. Das Papier ebenfalls mit Fett bestreichen.
2. Etwas Mehl in die Form streuen und durch Drehbewegungen der Form gleichmäßig verteilen. Überschüssiges Mehl ausschütteln.

Grundrezepte: Kuchenteige

Die Hauptzutaten beim Kuchenbacken sind Mehl, Fett, Zucker und Eier. Die Zubereitungsmethode hängt von dem Verhältnis von Fett und Mehl ab. Enthält der Teig mindestens doppelt so viel Mehl wie Fett, werden die beiden Bestandteile verrieben. Enthält der Teig weniger als doppelt so viel Mehl wie Fett, werden die Zutaten verrührt. Nahezu fettfreie Teige werden hingegen durch Steifschlagen hergestellt.

Rührteig

Dieser Teig ist einfach herzustellen und eignet sich gut für trockene Kuchen, wie Marmorkuchen, oder Tortenböden. Er besteht zu gleichen Anteilen aus Butter, Zucker, Eiern und Mehl und ist besonders leicht und locker. Je mehr Fett, Zucker und Eier genommen werden, desto schwerer wird der Kuchen.

Rührteig

- 175 g weiche Butter
- 175 g Zucker
- 3 Eier, verquirlt
- 175 g Mehl
- 1½ TL Backpulver

ZUBEREITUNG

1 Butter und Zucker in einer großen Schüssel mit dem Handmixer oder einem Holzlöffel cremig rühren. Je cremiger die Mischung, desto luftiger wird das Ergebnis sein. Das Rühren löst auch die Zuckerkristalle auf, was die Textur des Teigs noch feiner macht. Verwenden Sie daher keinen grobkörnigen Zucker.

2 Die zimmerwarmen Eier nach und nach zugeben und gut unterschla-

gen. Falls Sie Aromen verwenden, fügen Sie sie jetzt zu.

3 Das Mehl und sonstige trockene, feinkörnige Zutaten in die Schüssel sieben und vorsichtig unter den Teig heben. Dafür verwenden Sie am besten einen großen Metalllöffel oder einen Teigschaber. Bewegen Sie diesen so durch den Teig, als wollten Sie einen Salat umschichten – keinesfalls sollten Sie das Mehl einrühren, sonst fällt die schaumige Masse zusammen.

Lagerung Rührkuchen ist luftdicht verschlossen im Kühlschrank haltbar. Ohne Dekoration lässt er sich auch gut einfrieren.

Schneller Rührteig oder All-in-Teig

Für diesen einfachen, schnellen Teig werden alle Zutaten des Rührteigs gleichzeitig in die Schüssel gegeben und zu einer Masse verrührt. Etwas mehr Backpulver lässt den Teig besser aufgehen und weiche Butter den Teig besser verrühren. Der Kuchen ist etwas fester und saftiger als ein Kuchen aus gewöhnlichem Rührteig.

Biskuitteig

Biskuitteig kann man mit und ohne Fett zubereiten. Die Teigschüssel sollte vorgewärmt sein, die Eier zimmerwarm. Ausschlaggebend für ein gutes Gelingen des Biskuits ist die Luft, die beim Schlagen der Eier in den Teig eingeschlossen wird. Die besten Ergebnisse erzielen Sie hier mit einem Handmixer. Wichtig ist, dass das Mehl am Ende nicht eingerührt, sondern vorsichtig untergehoben wird.

Wenn der Teig „gerinnt", ...

bedeutet das, dass sich das Wasser aus den Eiern nicht richtig an die Fettmoleküle bindet und der Teig somit keine homogene Masse bildet. In der Regel geschieht das, wenn die Eier beim Einrühren zu kalt sind. Ein „geronnener" Teig enthält weniger Luft und wird daher beim Backen sehr fest. Sollte Ihr Teig beim Rühren gerinnen, geben Sie einfach einen Esslöffel Mehl hinzu und rühren Sie die Masse glatt.

Biskuitteig

- 3 Eier (Größe L)
- 125 g Zucker
- 125 g Mehl
- 1 EL heißes Wasser

ZUBEREITUNG

1 Eier und Zucker in einer warmen Schüssel mit dem Handmixer schaumig schlagen. Die Masse ist schaumig genug, wenn Sie damit Ihre Initialen auf einem Teller schreiben können, ohne dass der erste Buchstabe beim Schreiben des zweiten schon verschwindet. Schneller geht es, wenn Sie die Schüssel in ein heißes Wasserbad geben.

2 Falls Sie die Masse im Wasserbad erwärmt haben, vom Herd nehmen und so lange weiterschlagen, bis sie abgekühlt ist.

3 Mit einem Metalllöffel oder einem Teigschaber vorsichtig das Mehl unterheben und bei Bedarf ein wenig Wasser zugeben.

4 Falls das Rezept zerlassene Butter oder Öl verlangt, diese nun über den Teig träufeln und unterheben.

Lagerung Verbrauchen Sie fettfreien Biskuit nach Möglichkeit am selben Tag. Fetthaltiger Biskuit hält sich luftdicht verschlossen einige Tage im Kühlschrank.

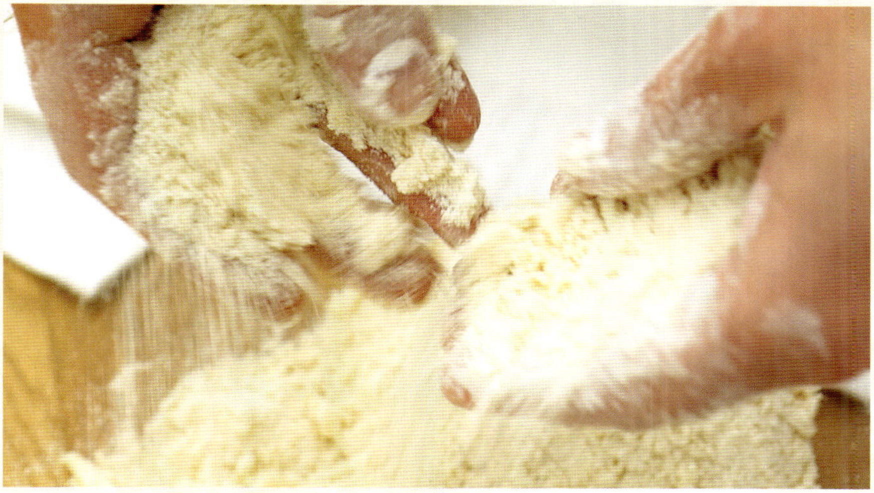

Mürbeteig

Mürbeteig ist leicht zuzubereiten und wird häufig für Kuchenböden und Plätzchen verwendet. Er enthält zwischen 25 und 66 Prozent Fett. Beim Verreiben des Fetts mit dem Mehl wird Luft in den Teig eingeschlossen. Durch die anschließende Zugabe von Flüssigkeit wird die Teigmasse verbunden. Mürbeteig sollte nie zu lange geknetet werden, sonst wird er zu fest. Damit er richtig aufgeht, wird häufig Backpulver zugegeben.

Mürbeteig für Kleingebäck

- 225 g Mehl
- 2 TL Backpulver
- 6 TL Butter, in kleinen Würfeln
- 1 EL Zucker
- 1 Prise Salz
- 1 Ei, verquirlt
- 50 ml Milch

ZUBEREITUNG

1 Das Mehl mit dem Backpulver in eine Schüssel sieben.

2 Die Butter mit den Fingern in der Mehlmischung verreiben. Die Hände dabei hoch über die Schüssel halten, damit mehr Luft eingeschlossen wird. Die verriebene Masse sollte an feine Streusel erinnern.

3 Zucker, Salz und sonstige trockene Zutaten zugeben.

4 Eier und Milch einrühren.

Lagerung Mürbeteigkuchen sollte nicht länger als drei Tage gelagert werden, weil er sonst trocken wird.

Honigkuchenteig

Festes und feuchtes Gebäck wie Honigkuchen wird mit diesem Teig zubereitet. Dabei werden das Fett und der Zucker vor dem Anrühren erhitzt.

- 250 g Honig
- 125 g Zucker
- 2 TL Lebkuchengewürz
- 100 g Butter
- 1 Ei
- 500 g Mehl
- 1½ TL Backpulver
- 1 Prise Salz

ZUBEREITUNG

1 Honig, Zucker, Lebkuchengewürz und Butter in einem Topf unter Rühren erhitzen, bis sich der Zucker aufgelöst hat.

2 Die abgekühlte Honigmasse in eine Schüssel geben und das Ei unterrühren.

3 Mehl, Backpulver und Salz in die Schüssel sieben und einen glatten Teig anrühren.

Törtchen und Muffins

Kleine Kuchen werden grundsätzlich wie große Kuchen zubereitet. Üblicherweise ist für Muffins und Törtchen die Backzeit kürzer, die Ofentemperatur jedoch höher. Am einfachsten gelingen sie in Backformen mit speziellen Vertiefungen, die in verschiedenen Größen erhältlich sind. Damit sie sich leicht herauslösen lassen, sollten fertige Papierförmchen verwendet werden.

Die Zeit im Ofen

Die in den Rezepten angegebenen Garzeiten sollten Sie nur als Richtlinie nehmen und an die Besonderheiten Ihres Backofens anpassen. Ob ein Kuchen bereits durchgebacken ist, können Sie am besten mit der Fingerprobe feststellen. Drücken Sie den Kuchen vorsichtig mit dem Finger ein. Der Teig sollte sich elastisch anfühlen. Wenn Sie den Finger wegnehmen, der Abdruck aber weiterhin zu sehen ist, braucht der Kuchen noch ein wenig Backzeit.

Bei großen oder eher feuchten Kuchen verwenden Sie besser einen Holzspieß, den Sie in den Teig stechen. Bleibt er beim Herausziehen teigfrei, ist der Kuchen fertig.

Die meisten Kuchen sollten nach dem Herausnehmen einige Minuten in der Form abkühlen, bevor Sie sie auf ein Kuchengitter setzen. Falls Sie von diesem Vorgehen abweichen müssen, ist dies im Rezept angegeben.

Grundrezepte: Teige für Quiches, Tartes & Pasteten

Diese Teigarten sind gar nicht so schwer herzustellen, wie viele glauben. Natürlich gibt es einige sehr spezielle Teige, die viel Fingerspitzengefühl erfordern, aber wenn Sie die Anweisungen der Rezepte ganz genau befolgen, werden Sie auch schwierigere Schritte meistern und professionelle Ergebnisse erzielen.

Einige Grundregeln sollten Sie bei der Zubereitung von diesen Teigen stets beachten. Dazu gehört, dass die Zutaten sehr sorgfältig abgewogen werden müssen und dass die Butter kühlschrankkalt sein muss. Verkneten Sie den Teig vorsichtig – und vor allem nicht zu lange. Es reicht, wenn Sie eine glatte, lockere Masse erhalten. Durch zu langes Kneten verklebt das Gluten aus dem Mehl den Teig, und er wird sehr fest und klebrig. Vor dem Ausrollen sollte er einige Stunden in Folie eingeschlagen im Kühlschrank ruhen. Rollen Sie den Teig vorsichtig aus und achten Sie darauf, ihn nicht zu stark zu ziehen. Verwenden Sie außerdem beim Ausrollen nur eine sehr kleine Menge Mehl, damit das sorgfältig abgestimmte Mengenverhältnis erhalten bleibt.

Der Backvorgang

Der Backofen muss vorgeheizt sein, damit sich die im Teig eingeschlossene Luft möglichst rasch erwärmt und den Teig somit aufgehen lässt. Das Gluten im Mehl sorgt unterdessen dafür, dass der Teig zusammenhält und die Luft nicht entweichen kann. Sobald der Teig aufgegangen ist, wird er fest. Die im Mehl enthaltene Stärke wird aufgespalten und nimmt das Fett auf. Ist die

Ofentemperatur zu niedrig, wird das Fett flüssig und fließt ab und das Mehl bleibt ungegart – das Ergebnis ist ein schwerer, klebriger und fettiger Teig. Ist der Teig gefüllt oder belegt, kann die Ofentemperatur nach dem Aufgehen des Teigs etwas reduziert werden.

Teigarten

Für fast alle Teige wird Weizenmehl empfohlen. Vollkornmehl kann auf Wunsch auch verwendet werden, macht den Teig jedoch deutlich schwerer. Bei Vollkornmehl sollte die Flüssigkeitsmenge erhöht werden.

Mürbeteig ohne Ei

Dieser Mürbeteig ist vielleicht der gängigste Teig, und er ist sehr leicht herzustellen. Einzig die Grundregeln des Backens müssen beachtet werden.

- 225 g Mehl
- 125 g Butter
- 2–3 EL kaltes Wasser

ZUBEREITUNG

1 Das Mehl in eine Schüssel sieben.

2 Die Butter würfeln und in die Schüssel geben. Dann Butter und Mehl miteinander verreiben, dabei die Hände hoch über die Schüssel halten, damit mehr Luft in den Teig eingearbeitet wird. Wenn die Butter vollständig verrieben ist, erinnert die Mischung an feine Streusel.

3 Gegebenenfalls die zusätzlichen Zutaten unterrühren, wie gemahlene Nüsse, Käse oder Zucker (für süße Kuchen).

4 Die Flüssigkeit auf einmal zugeben und mit den Händen in den Teig einarbeiten. Dann auf einer leicht bemehlten Arbeitsfläche leicht verkneten. Den Teig in Frischhaltefolie einwickeln und 30 Minuten im Kühlschrank ruhen lassen.

5 Den Teig gleichmäßig ausrollen, dabei das Nudelholz mit kurzen Bewegungen und wenig Druck vorwärts, nicht rückwärts ausrollen.

6 Wie im Rezept angegeben weiterverwenden. Vor dem Backen dann noch einmal 15–30 Minuten ruhen lassen.

7 Im vorgeheizten Ofen 15–20 Minuten backen, dann die Temperatur je nachdem etwas reduzieren.

Mürbeteig kann auch in der Küchenmaschine zubereitet werden. Dies hat den Vorteil, dass er kühler bleibt, als wenn er mit den Händen verrieben wird. Dafür Mehl und Butter in die Maschine geben und vermengen, bis sich feine Streusel bilden. Dann die Flüssigkeit zugeben und alles zu einer Masse rühren. Sie können auch nur Butter und Mehl in der Maschine vermengen und dann die Flüssigkeit per Hand einarbeiten.

Erhöhen Sie für reichhaltigere Teige den Fettanteil des Mürbeteigs oder fügen Sie Eier hinzu. Diese Varianten sind dann allerdings etwas schwerer zuzubereiten. Bei manchen ist der Fettanteil so hoch, dass keine zusätzliche Flüssigkeit benötigt wird. Legen Sie diesen Teig zum Ausrollen am besten zwischen zwei Lagen Frischhaltefolie, da er sonst leicht am Nudelholz klebt. Dem Teig können auch gemahlene Nüsse, Zitronenschale, Zucker oder Gewürze zugegeben werden.

Blindbacken

Mürbeteigboden wird oft vorgebacken, damit er durchgegart ist, bevor er belegt wird. Den Vorgang nennt man „Blindbacken".

1 Die Form mit dem ausgerollten Teig auslegen und den Teig mehrfach mit einer Gabel einstechen.

2 Etwa 30 Minuten in den Kühlschrank oder 10 Minuten ins Eisfach stellen. (Der Teig muss zum Blindbacken nicht wieder auftauen.)

3 Den Teig mit einer Lage Backpapier bedecken. Darauf eine Lage getrocknete Erbsen, Backbohnen oder Kichererbsen geben. Dadurch wird einerseits der Teig beschwert, damit er beim Vorbacken nicht aufgeht, gleichzeitig leiten die Hülsenfrüchte die Hitze und unterstützen den Garvorgang.

4 Den Teig 10 Minuten backen, dann die Hülsenfrüchte und das Backpapier abnehmen und den Teig nochmals 10 Minuten backen, bis er goldbraun ist.

5 Die Form aus dem Ofen nehmen. Den Teig mit etwas verquirltem Ei oder Eiweiß bestreichen, um ihn zu „versiegeln".

Blätterteig

Halbblätterteig und Blätterteig sind recht schwer und zeitaufwendig herzustellen, aber dafür schmecken sie auch unglaublich köstlich. Erfahrene Bäcker werden auch an der kniffligen Zubereitung Spaß haben. Blätterteig hat den höchsten Fettgehalt – nämlich so viel Fett wie Mehl – und ist daher in der Zubereitung kompliziert. Das Grundprinzip bei Blätterteigen ist stets die Bildung von Teigschichten durch Falten, wobei die auf dem Teig verstrichene Butter verhindert, dass die Teigschichten zusammenkleben. Für einen gleichmäßigen Blätterteig ist das Ausrollen von großer Bedeutung.

- 350 g Weizenmehl
- 350 g kalte Butter
- 8 EL kaltes Wasser

ZUBEREITUNG

1 Das Mehl in eine Schüssel sieben und etwa ein Viertel der Butter mit den Fingern einarbeiten.

2 Das Wasser zugeben und alles mit den Händen vermengen. Rasch zu einem glatten Teig verkneten. In Frischhaltefolie einwickeln und 30 Minuten im Kühlschrank ruhen lassen.

3 Die restliche Butter zwischen zwei Lagen Frischhaltefolie legen und auf 1 cm Dicke ausrollen.

4 Den Teig zu einem Rechteck ausrollen, das etwa viermal größer ist als die ausgerollte Butter.

5 Die Butter auf die Mitte des Teigs legen und den Teig so darüberfalten, dass die Butter vollständig bedeckt ist.

6 Den Teig zu einem Rechteck ausrollen. Die Längsseite sollte etwa das Dreifache der Schmalseite messen.

7 Das rechte Drittel des Teigs über das mittlere Drittel falten, darüber das linke Drittel falten.

8 Den Teig um 90 Grad drehen, wieder zu einem Rechteck ausrollen und abermals wie oben beschrieben falten. Den Vorgang insgesamt sechsmal wiederholen, dazwischen den Teig immer wieder in den Kühlschrank legen.

9 30 Minuten ruhen lassen, dann weiterverwenden. Damit der Teig richtig aufgeht, die gefalteten Teigseiten anschneiden. In den vorgeheizten Ofen geben. Der Blätterteig nimmt etwa die sechs- bis achtfache Größe an.

3 Den Teig zu einem Rechteck ausrollen. Die Längsseite sollte etwa das Dreifache der Schmalseite messen.

4 Ein Drittel der verbliebenen Butter in Flocken auf zwei Drittel des Teigs setzen. Das nicht gebutterte Drittel auf das mittlere gebutterte Drittel, darüber das äußere gebutterte Drittel falten.

5 Die Teigkanten mit dem Nudelholz festdrücken.

6 Den Teig um 90 Grad drehen, wieder zu einem Rechteck ausrollen und die oben genannten Schritte 4 und 5 noch zweimal wiederholen, bis die Butter aufgebraucht ist. Den Teig in Frischhaltefolie wickeln und 30 Minuten im Kühlschrank ruhen lassen.

7 Die Schritte 3–5 noch dreimal wiederholen, ohne die Zugabe von Butter. Noch einmal 30 Minuten ruhen lassen, dann weiterverwenden. Damit der Teig richtig aufgeht, die gefalteten Teigseiten anschneiden. In den vorgeheizten Ofen geben.

Halbblätterteig

Für dieses Rezept brauchen Sie etwas weniger Fett – zwei Drittel der Butter auf drei Viertel der Mehlmenge. Zudem wird die Butter nach und nach zugegeben. Für Halbblätterteig empfiehlt sich weißes Mehl zum Brotbacken, also nicht die haushaltsüblichen Typen 405 und 550. Nach Zugabe des Fetts wird der Teig geknetet, um das Gluten zu aktivieren und so einen sehr elastischen, gut aufgehenden Teig zu erhalten. Ein Spritzer Zitronensaft unterstützt diesen Prozess. Vor dem Backen muss der Teig eine Weile ruhen. Der rohe Teig hält sich etwa 48 Stunden im Kühlschrank oder mehrere Monate im Eisschrank; der bereits gebackene Teig hält sich nur tiefgefroren.

- 225 g Mehl
- 175 g Butter
- 6–7 EL kalte Milch oder kaltes Wasser

ZUBEREITUNG

1 Das Mehl in eine Schüssel sieben und ¼ der Butter mit den Fingern einarbeiten.

2 Das Wasser zugeben und alles mit den Händen vermengen. Schnell zu einem glatten Teig verkneten.

Blitzblätterteig

Dieser Teig ist recht einfach herzustellen. Er erhält mit dem Backen eine herrlich leichte, blättrige Konsistenz. Am Anfang ist er recht klebrig und daher schwer zu verarbeiten. Er hat denselben Fettgehalt wie normaler Halbblätterteig.

- 225 g Mehl
- 175 g Butter
- 6–7 EL kalte Milch oder kaltes Wasser

ZUBEREITUNG

1 Das Mehl in eine Schüssel sieben. Die Butter in 2,5 cm breite Würfel schneiden und zu dem Mehl geben.

2 Das Wasser zugeben und alles mit den Händen vermengen. Kurz ein wenig verkneten.

3 Weiter wie bei Blätterteig verfahren. Vor dem Weiterverarbeiten 30 Minuten kalt stellen und in den vorgeheizten Ofen geben.

Krustenpastetenteig

Für diesen herzhaften Pastetenteig wird Schweineschmalz verwendet.

- 225 g Mehl
- 115 g Schweineschmalz
- 2 TL Backpulver
- 150 ml kaltes Wasser

ZUBEREITUNG

1 Das Mehl in eine Schüssel sieben.

2 Schmalz und Backpulver zugeben und alles gut vermengen.

3 So viel Wasser zugeben, dass sich ein elastischer Teig formen lässt.

4 Den Teig höchstens einmal ausrollen, sonst wird die Pastetenhülle zu hart.

Teigdeckel

Es ist nicht besonders schwer, einen Teigdeckel für Pasteten oder Kuchen herzustellen. Er kann verziert oder auch mit Ei bestrichen werden.

1 Einen Teigkreis ausrollen, der einen 5 cm größeren Radius als der Teigboden hat.

2 Vom Teigkreis rundum einen etwa 2,5 cm breiten Streifen abschneiden.

3 Den Rand des Teigbodens anfeuchten und den Streifen ringsum andrücken.

4 Die Pastete befüllen und den Streifen mit etwas Wasser leicht anfeuchten.

5 Mit einem Nudelholz den Teigkreis vorsichtig anheben und auf die Pastete legen. Die Teigränder gut andrücken.

6 Mit einem scharfen Messer den Rand zurechtschneiden. Ein Loch in die Mitte des Teigdeckels stechen, damit der Dampf aus der Füllung entweichen kann.

Brandteig ohne Eier

Diese Teigart wird häufig für Fleischpasteten verwendet. Der Unterschied zum herkömmlichen Blätterteig liegt in der Zubereitung mit erhitztem Fett. Der Teig muss durchgehend warm bleiben, damit er gelingt. Wird er zu kalt, ist er sehr schwer zu verarbeiten.

- 225 g Mehl
- 85 g Schmalz
- 5 EL Wasser

ZUBEREITUNG

1 Das Mehl in eine Schüssel sieben und eine Mulde in die Mitte drücken.

2 Schmalz und Wasser in einem Topf vorsichtig erhitzen. Sobald das Schmalz zerlassen ist, die Mischung aufkochen. Vom Herd nehmen, sofort in die Mehlmulde geben und verrühren. Dann mit den Händen kneten.

3 Der Teig sollte noch warm verarbeitet und im vorgeheizten Ofen gebacken werden.

Brandteig

Brandteig hat einen hohen Wasseranteil. Das Wasser wird beim Backen erhitzt und lässt den Teig stark aufgehen.

- 90 g Mehl (Type 550)
- 60 g Butter
- 150 ml Wasser
- 2 Eier

ZUBEREITUNG

1 Das Mehl in eine Schüssel sieben.

2 Butter und Wasser in einen Topf geben und vorsichtig erhitzen.

3 Das Mehl auf einmal in den Topf geben und mit einem Holzlöffel rühren, bis ein Teigball entsteht. Beiseitestellen und leicht abkühlen lassen.

4 Nach und nach die Eier zugeben und unterschlagen, bis ein glatter, glänzender Teig entsteht. Je länger der Teig geschlagen wird, desto luftiger wird er.

5 Nach Rezeptanweisung weiterverarbeiten. Im vorgeheizten Ofen backen.

Teigdeckel dekorieren

- Mit einem stumpfen Messer ringsum auf den Rand der Pastete klopfen. Dann sitzt der Rand fester.
- Mit einer bemehlten Gabel ringsum ein gezacktes Muster eindrücken.
- Mit Daumen und Zeigefinger den Rand zusammenpressen.
- Mit restlichen Teigstücken die Pastete dekorieren. Dafür Blätter oder abstrakte Formen zurechtschneiden, befeuchten und auf den Teigdeckel kleben.

Bestreichen

Durch Bestreichen erhält die Pastete beim Backen eine glänzende Oberfläche. Dafür eignen sich Milch, verschlagenes Ei mit etwas Wasser oder reines Eiweiß. Mit dem Backpinsel eine dünne Schicht vor dem Backen auf den Teigdeckel auftragen, dabei nicht zu viel verwenden, sonst wird der Teig feucht. Süßspeisen können auch mit etwas Zucker bestreut werden.

Grundrezepte: Plätzchen & Kekse

Plätzchen und Kekse sind schnell gebacken und eignen sich für jeden Geschmack und jede Gelegenheit: zum üppigen Frühstück und Nachmittagskaffee, als Dessert nach einem eleganten Abendessen oder eben einfach als kleiner Genuss zwischendurch.

Da Plätzchen sehr schnell bräunen, sollten Sie die empfohlene Backzeit genau einhalten – zumindest solange Sie noch keine Erfahrung haben. Die meisten Plätzchen sollten einige Minuten auf dem Blech abkühlen, bevor Sie sie auf ein Kuchengitter setzen. Viele Kekse werden erst beim Abkühlen knusprig; achten Sie dann darauf, dass sie nicht zu lange auf dem Backblech liegen und festkleben.

Am besten halten sich Plätzchen in einem luftdicht verschlossenen Behälter. Aber auch das Einfrieren überstehen die meisten Sorten problemlos. Vor dem Verzehr sollten sie bei Zimmertemperatur auftauen.

Geformte oder ausgestochene Plätzchen

Der Teig wird ausgerollt und Plätzchen mit Motivformen ausgestochen oder Teigstücke zu Kugeln oder Stäbchen geformt. Achten Sie darauf, dass Sie beim Ausrollen nicht zu viel Mehl verwenden, um die Mengenverhältnisse der Zutaten nicht zu verändern. Sehr weicher Teig lässt sich gut zwischen zwei Lagen Frischhaltefolie ausrollen. Übrigens sollte Plätzchenteig nicht zu häufig ausgerollt werden, da er ansonsten hart und krümelig wird.

Plätzchen aus Rührteig

Dies ist die schnellste und einfachste Methode, Plätzchen zu backen. Grundlage ist ein Rührteig, dem weitere Zutaten wie Nüsse oder Schokoladenstreusel beigegeben werden. Der Teig ist weich und sollte löffelweise mit viel Abstand auf das Backblech gegeben werden.

Spritzgebäck

Mit einem Spritzbeutel können Sie leicht dekorative Plätzchen formen. Achten Sie hierbei nur auf die richtige Teigkonsistenz. Der Teig sollte weder zu flüssig sein, um nicht die Form zu verlieren, noch zu fest, da Sie ihn ansonsten nur schwer in die Tüte füllen können.

Waffelplätzchen

Dieses klassische Gebäck ist dünn und knusprig. Der Teig ist sehr weich und wird hauchdünn auf dem Backblech verstrichen. Da dieser Teig sehr schnell gart, ist die Herstellung von Waffelplätzchen knifflig.

Der gebackene Teig kann, wie bei den Cigarettes Russes, auch gerollt werden. In diesem Fall müssen Sie schnell arbeiten, da er sich nur biegen lässt, solange er noch warm ist.

Plätzchen „von der Rolle"

Für diese Plätzchen wird fester Teig zu einer Rolle geformt. Schneiden Sie von dieser Rolle „Teigscheiben" in der gewünschten Dicke ab. Der rohe Teig hält sich einige Zeit im Kühlschrank und kann portionsweise verarbeitet werden. So können Sie täglich frische Plätzchen backen.

Grundrezepte: Brote & Hefegebäck

Mit Rezepten für selbst gebackenes Brot könnte man problemlos ein weiteres Buch füllen. Wagen Sie sich zunächst an die Grundrezepte – Weißbrot, Malzbrot und Brötchen –, dann haben Sie eine gute Basis für viele Variationen. Süßes Hefegebäck schmeckt herrlich zum Frühstück oder zum Tee. Aber auch hefefreie Brotrezepte sind in diesem Buch zu finden.

Das Backen mit Hefe ist nicht schwierig und bringt köstliche Ergebnisse. Anders als beim Herstellen von Mürbeteig ist Wärme für das Gelingen des Teigs wichtig. Auch kann ein Hefeteig kaum zu stark geknetet werden. Nur wenn sich das Gluten im Mehl richtig entfaltet, erhält der Hefeteig seine typische Konsistenz. Dafür ist kräftiges Kneten und Klopfen erforderlich.

Ein Hefeteig braucht Zeit zum Gehen, aber diese Phase erfordert nicht Ihre Aufmerksamkeit, und Sie haben Zeit für andere Vorbereitungen. Hefegebäck lässt sich auch gut einfrieren. Einfach bei Zimmertemperatur auftauen und fünf Minuten aufbacken.

Hefesorten

Hefe ist das Backtriebmittel vieler Brote. Der Hefepilz bildet Kohlendioxid, das durch die Teigstruktur im Inneren des Teigs verbleibt. So geht die Masse auf, und das Brot erhält seine charakteristische Struktur. Neben Frischhefe ist auch Trockenhefe erhältlich.

Frischhefe

Frischhefe ist in Würfelform im Kühlregal der meisten Supermärkte erhältlich. Sie hat eine feuchte, gummiartige Konsistenz und die Farbe von frischem Ton. Sie wird meist in warmem Wasser aufgelöst und quillt eine Weile, bevor sie mit dem Mehl in Berührung kommt. Frischhefe hält sich einige Tage im Kühlschrank, kann aber drei Monate eingefroren werden.

Gluten

Im Weizen besteht das Gluten aus den beiden Proteinen Gliadin und Glutenin. Zum Brotbacken wird Mehl mit einem höheren Glutengehalt benötigt als für feine Kuchenteige. Nach der Zugabe von Flüssigkeit verkleben die Proteine miteinander und bilden somit das Teiggerüst. Je länger der Teig geknetet wird, desto besser klebt das Gluten und umso mehr Luft kann im Teig eingeschlossen werden. Theoretisch kann das Gluten durch die Wärmeentwicklung bei zu starkem Kneten zerstört werden, praktisch ist das aber beim Handkneten sehr unwahrscheinlich. Sollten Sie den Teig in der Küchenmaschine zubereiten, unterbrechen Sie den Knetvorgang hin und wieder, damit der Teig abkühlen kann.

Trockenhefe
Es gibt Trockenhefe, die direkt dem Mehl untergemischt wird, und solche, die vorher in ein wenig Wasser und Zucker oder Mehl angehen muss. Trockenhefe hält sich wesentlich länger als Frischhefe und muss nicht gekühlt werden.

Hefe braucht Wärme

Die Hefepilze vermehren sich am besten bei Wärme, daher sollte der Teig an einem warmen Ort gehen. Das heißt nicht, dass er nicht auch bei kühleren Temperaturen angeht – er braucht nur länger. Entsprechend kann Hefeteig auch über Nacht im Kühlschrank gehen. Vor dem Backen sollte er dann allerdings wieder zimmerwarm sein. Manche Feinschmecker schwören auf bei Kälte angegangenen Hefeteig – angeblich schmeckt er kräftiger.

Weitere Zutaten im Hefeteig

Der Grundteig für Hefe besteht ausschließlich aus Mehl, Hefe, Salz und Wasser. Viele Rezepte sehen aber für Brote und Brötchen vor, dass Butter, Zucker, Milch oder Eier zugegeben werden.

Einige dieser Zutaten lassen den Teig besser aufgehen, bräunen oder machen ihn haltbarer. Nichtsdestotrotz wirken sie sich alle unterschiedlich auf die Tätigkeit des Hefepilzes aus.

Zucker in geringen Mengen lässt den Teig schneller aufgehen. Größere Mengen – mehr als 50 g Zucker pro 450 g Mehl – verlangsamen das Wachstum des Teigs.

Mehr als 25 g **Fett** auf 450 g Mehl hemmen die Vermehrung der Hefepilze.

Eier enthalten auch Fett und können das Teigwachstum verlangsamen. Andererseits machen sie den Teig stabiler und, indem sie Luft einschließen, auch luftiger.

Damit der Teig mit zusätzlichen Zutaten gut gelingt, beachten Sie folgende Anweisungen:

- Lassen Sie den Teig etwa 2 Stunden länger gehen als üblich.
- Bereiten Sie den Teig in zwei Schritten zu: Kneten Sie erst einen Grundteig, lassen diesen aufgehen und arbeiten dann die weiteren Zutaten ein.
- Verwenden Sie etwas mehr Hefe.

Ein Hinweis zum Thema Salz

Salz ist eine wichtige Zutat beim Brotbacken, denn es gibt nicht nur Geschmack, sondern fördert auch die Arbeit des Glutens und der Hefe. Wichtig ist jedoch die Menge: Zu wenig Salz lässt den Teig wenig kleben, zu viel Salz hemmt das Wachstum der Hefe. In beiden Fällen geht der Laib nicht ausreichend auf. Aus diesem Grund sollten Sie sich bei Dosierung des Salzes streng an das Rezept halten.

Hefebrote

ZUBEREITUNG

Das Grundrezept ist für alle Hefebrote gleich, auch wenn einzelne Schritte in den Rezepten davon abweichen.

- 675 g Mehl (Type 550)
- 2 TL Salz
- 2 TL Trockenhefe
- etwa 450 ml lauwarmes Wasser
- 2 EL Olivenöl oder 25 g Butter

1 Das Mehl in eine Schüssel sieben und mit dem Salz vermengen. Die Trockenhefe einrühren. Eine Vertiefung in die Mitte drücken. Das Wasser hineingießen und den Teig vermengen, bis eine klebrige Masse entsteht.

2 Den Teig auf einer leicht bemehlten Arbeitsfläche kräftig kneten, dabei den Teig immer wieder von hinten nach vorne falten und mit den Handballen flach drücken, wieder falten, den Teig dabei auch immer wieder um 90 Grad drehen. Nach einigen Minuten kräftigen Knetens bildet sich eine glatte, elastische und nicht mehr klebrige Kugel. Wenn Sie den Teig in der Küchenmaschine zubereiten, setzen Sie den Knethaken für 6–8 Minuten ein.

3 Den Teig in eine leicht eingefettete Schüssel geben. Den Teig an der Oberfläche ebenfalls leicht einfetten, damit er nicht trocken wird. Die Schüssel lose mit Frischhaltefolie abdecken. An einem warmen, zugluftfreien Ort etwa 1 Stunde gehen lassen, bis sich das Volumen des Teigs verdoppelt hat.

4 Den aufgegangenen Teig auf der bemehlten Arbeitsfläche noch einmal kurz durchkneten. Dadurch entweicht ein Teil der beim Aufgehen eingeschlossenen Luft, der Teig wird wieder etwas fester. Er erhält eine feinere Textur und hat nicht so große Luftlöcher.

5 Den Teig nach Rezeptanweisung formen und auf ein leicht eingefettetes Backblech oder in eine Backform geben. Die Backform sollte so groß sein, dass der Teig sie nur zur Hälfte ausfüllt.

6 Den Teig noch einmal abdecken und wieder gehen lassen, bis der Teig über die Form aufgegangen ist.

7 Im vorgeheizten Ofen backen. Das Brot ist durchgebacken, wenn es beim Klopfen gegen die Unterseite hohl klingt. Auf einem Kuchengitter auskühlen lassen.

Hefefreie Brote

Einige Brotsorten benötigen keine Hefe, sondern Backpulver oder Natron als Backtriebmittel. Soda- oder Maisbrote fallen in diese Kategorie. Da das Backpulver bei der Verarbeitung im Teig sofort mit der Bildung von Kohlendioxid beginnt, muss das Brot direkt nach der Zubereitung des Teigs gebacken werden. Der angerührte Teig ist weich und klebrig. Das fertige Brot hat eine krümelige Textur und schmeckt am besten frisch und warm aus dem Backofen.

Sogenannte Fladenbrote enthalten oft überhaupt kein Backtriebmittel. Naan oder Pitabrot werden zwar oft mit Hefe oder Backpulver angesetzt, können aber auch ohne diese zubereitet werden. Fladenbrote gehören zu den ältesten bekannten Brotsorten. Archäologische Funde weisen darauf hin, dass sie in der Steinzeit auf heißen Steinen gebacken wurden.

Auch Parathas, Tortillas und Chapatis gehören zu den Broten, die ohne Hefe gebacken werden. Sie können in einer schweren Brat- oder Grillpfanne zubereitet werden. Fladenbrote wie Pita eignen sich zum Belegen oder Füllen; Tortillas oder Chapatis werden gefüllt und dann aufgerollt.

Backautomat

Mit einem Backautomaten können Sie Brote in Windeseile und mit minimalem Aufwand herstellen. Sie müssen nur die Zutaten abwiegen und zugeben. Die Maschine übernimmt die restliche Arbeit, und nach einigen Stunden erhalten Sie einen frischen Laib. Das ist zweifellos eine sehr bequeme Art, täglich frisches, warmes Brot herzustellen, auch wenn natürlich der Spaß beim Kneten und Backen ein wenig zu kurz kommt. Da viele Automaten auch über eine Zeitschaltuhr verfügen, können Sie ihn sogar so einstellen, dass er morgens zum Frühstück ein frisch gebackenes Brot für Sie bereithält.

Wertvolle Tipps für erfolgreiches Backen

Vorbereitung:

- Den Ofen stets auf die Endtemperatur vorheizen. Dafür sollten Sie mindestens 10 Minuten rechnen.
- Die Backform stets leicht mit weicher Butter oder Sonnenblumenöl einfetten. Am besten benutzen Sie hierfür einen Backpinsel.
- Zur Verarbeitung weicher Teige legen Sie die Form zusätzlich mit Backpapier aus, damit der Teig nicht an der Form haftet.
- Sollten Sie gerade nicht die richtige Backform zur Hand haben, rechnen Sie einfach um: Eine runde Backform mit 20 cm Durchmesser hat ungefähr dasselbe Volumen wie eine quadratische Form mit 18 cm Seitenlänge.
- Wiegen Sie alle Zutaten vor dem Anrühren des Teigs ab und stellen Sie alle Utensilien, die Sie benötigen, bereit.

Der perfekte Teig

- Geben Sie Backpulver oder Gewürze immer mit dem gesiebten Mehl in die Schüssel, damit sie sich gleichmäßig verteilen.
- In den meisten Kuchenrezepten werden Butter oder Margarine verwendet. Sie sind austauschbar, obwohl Butter den feineren Geschmack hat. Für Rührteig eignet sich Margarine gut, Mürbe- oder Blätterteig sollten Sie aber in jedem Fall mit Butter zubereiten. Verwenden Sie keinesfalls fettreduzierte Margarine, sonst gelingt der Teig nicht.
- Falls nicht anders angegeben, sollte das verwendete Fett zimmerwarm sein. Kühlschrankkalte Butter können Sie auch einige Sekunden in der Mikrowelle erwärmen.
- Auch Eier sollten auf Raumtemperatur erwärmt werden, damit sie den Teig lockerer machen. Nehmen Sie die Eier etwa 30 Minuten vor dem Verarbeiten aus dem Kühlschrank.
- Zum Trennen der Eier klopfen Sie das rohe Ei sanft gegen den Rand einer kleinen Schüssel, damit die Schale Risse bekommt. Dann halbieren Sie die Schale vorsichtig so, dass das Eigelb in einer der halben Eierschalen verbleibt und das Eiweiß in die Schüssel rinnt. Dann lassen Sie das Eigelb mehrere Male von der einen Schalenhälfte in die andere gleiten, um das gesamte Eiweiß ablaufen zu lassen.
- Zum Unterheben von Mehl sollten Sie einen Metalllöffel verwenden. Gehen Sie rasch und mit schneidenden Bewegungen vor, um so viel Luft wie möglich unterzuheben. Zu gründliches Verrühren kann dazu führen, dass der Teig schwer und klebrig wird.

Perfekt gebacken

- Wenn im Rezept nicht anders angegeben, stellen Sie die Backform auf die mittlere Schiene des Backofens. Beachten Sie bei Umluftöfen die Angaben des Herstellers; vermutlich wird weniger Backzeit benötigt.
- Öffnen Sie während des Backvorgangs nicht die Ofentür, auch wenn Sie den Drang dazu verspüren. Ein kurzer Blick gegen Ende der Backzeit schadet nicht, aber wenn Sie die Tür zu oft oder zu weit öffnen, kühlt die Luft im Ofen zu stark ab, und der Kuchen geht eventuell nicht wie gewünscht auf.
- Leichte Biskuitteige können Sie mit dem Finger testen – wenn der Teig sich leicht eindrücken lässt, dann aber wieder seine alte Form annimmt, ist er durchgebacken. Bei Obstkuchen können Sie hören, ob er gar ist – wenn es im Innern noch brodelt, braucht er noch etwas Zeit. Große Kuchen schrumpfen etwas, wenn sie gar sind, und lösen sich etwas vom Rand der Form. Stechen Sie einen Holzspieß in die Teigmitte – wenn er beim Herausziehen teigfrei bleibt, ist er durchgebacken.
- Die meisten Kuchen sollten kurz in der Form abkühlen. Der Teig wird dann noch etwas fester und lässt sich besser vom Rand lösen.
- Zum vollständigen Auskühlen sollten Sie den Kuchen auf ein Kuchengitter setzen. Dadurch kann überschüssiger Dampf auch aus der Unterseite entweichen.
- Bevor Sie den Kuchen in einen Behälter zum Aufbewahren geben, sollten Sie ihn vollständig abkühlen lassen, sonst schimmelt er schnell. Kuchen hält sich kurze Zeit in Plastikbehältern, die allerdings nicht komplett luftdicht verschlossen sein sollten. Zum Einfrieren hingegen benötigen Sie Gefrierbeutel oder luftdicht verschließbare Plastikdosen.

Glossar der wichtigsten Backbegriffe

Abschlagen
Der zweite Knetvorgang, nachdem der Teig aufgegangen ist. Dadurch werden große Gasblasen im Teig aufgelöst, und er erhält eine feinere und gleichmäßigere Konsistenz.

Aufschlagen
Flüssigkeiten, Eier oder weiche Butter werden am besten mit einem Schneebesen aufgeschlagen, um möglichst viel Luft einzuarbeiten.

Bestäuben
Zum Bestäuben wird das Gebäck großzügig mit einer trockenen Zutat bestreut, z. B. Mehl oder Puderzucker. In der Regel verwendet man dafür ein feines Küchensieb oder ein Einhand-Mehlsieb.

Blindbacken
Zum Vorgaren eines Teigbodens mit einer Lage getrockneter Erbsen, Backbohnen oder Kichererbsen. Dadurch wird einerseits der Teig beschwert, damit er beim Vorbacken nicht aufgeht, gleichzeitig leiten die Hülsenfrüchte die Hitze und unterstützen den Garvorgang.

Cremig rühren
Fett und Zucker werden so verschlagen, dass Luft in die Masse eingeschlossen wird. Dadurch ergibt sich eine glatte, leichte Masse. Diese Methode wird z. B. für Biskuitkuchen verwendet.

Gehen lassen
Hefeteig muss nach dem Kneten eine Weile ruhen, damit die Hefe richtig arbeiten kann und der Teig aufgeht.

Glasieren/Bestreichen
Der Teig wird entweder vor oder nach dem Backen dünn bestrichen. Verschlagenes Ei oder Milch zum Beispiel verleihen Broten und Pasteten eine glänzende Oberfläche. Zum Dekorieren von Torten und Kuchen kann man Sirup oder Gelee verwenden.

Kneten
Für Hefeteig ist intensives Kneten notwendig, entweder von Hand oder mit dem Knethaken der Küchenmaschine. Durch das Kneten wird der Teig elastisch und geht gut auf.

Rühren
Mit einem Löffel, einer Gabel oder einem Quirl werden Flüssigkeiten oder auch weiche Zutaten wie Butter so vermengt, dass sie sich gleichmäßig mischen.

Sieben
Vor dem Verkneten sollte das verwendete Mehl gesiebt werden, damit die Teigstrukur feiner wird. Wird Backpulver oder Salz verwendet, kann dieses direkt mitgesiebt werden, dann verteilt es sich besser.

Spritzen
Weiche Teige oder Glasuren werden mit einem Spritzbeutel mit Tülle auf das Backblech aufgebracht. Auch dekorative Muster oder Schriftzüge zum Verzieren von Torten lassen sich damit herstellen.

Steifschlagen
Zum Steifschlagen wird ein Handmixer benötigt. Eiweiß oder Sahne werden so lange bei hoher Geschwindigkeit geschlagen, bis sie eine steife, stabile Konsistenz erhalten.

Unterheben
Luftige Massen wie schaumig gerührte Butter oder Cremes dürfen nicht zu stark gerührt werden, weil die eingeschlossene Luft wieder entweicht. Daher hebt man trockene Zutaten wie Mehl und Zucker nur vorsichtig unter, indem man die Masse mit einem großen Löffel anhebt und „faltet".

Verreiben
Für Mürbeteig wird das verwendete Fett mit dem Mehl zu Streuseln verrieben. Gegebenenfalls muss der Teig zwischendurch immer wieder abkühlen, damit er von den Händen nicht zu stark erwärmt wird.

1

Kuchen & Torten

Nichts geht über den wunderbaren Geschmack und Duft eines frisch gebackenen Kuchens. Backen Sie daher nicht nur für Geburtstagsfeiern oder andere festliche Anlässe. Selbst gebackene Kuchen schmecken auch ohne besonderen Anlass stets sehr gut. Zudem kann Kuchenbacken große Freude bereiten. In diesem Kapitel finden Sie beliebte Klassiker sowie einige neue köstliche Kreationen für jeden Tag.

Mittwochskuchen

Für 8–10 Personen

Zutaten

- 175 g weiche Butter
- 175 g Zucker
- 3 Eier, verquirlt
- 175 g Mehl
- 1½ TL Backpulver
- 1 Prise Salz
- 3 EL Himbeergelee
- 1 EL Puderzucker, zum Bestäuben

1 Den Backofen auf 180 °C vorheizen.

2 Zwei Springformen (20 cm Ø) mit Backpapier auslegen.

3 Butter und Zucker in einer Schüssel cremig rühren.

4 Die Eier nach und nach zufügen und sorgfältig unterheben.

5 Mehl, Backpulver und Salz darübersieben und vorsichtig unter die Masse ziehen.

6 Den Teig in die vorbereiteten Formen füllen und die Oberfläche glatt streichen.

7 Etwa 25–30 Minuten im Ofen backen, bis der Teig schön aufgegangen und goldbraun ist.

8 Aus dem Ofen nehmen und 1 Minute in den Formen abkühlen lassen.

9 Mit einem Messer die Biskuitböden von den Rändern der Form lösen, auf ein sauberes Küchentuch stürzen und das Backpapier abziehen. Auf ein Kuchengitter heben und auskühlen lassen.

10 Dann die Böden mit Himbeergelee zusammensetzen und mit Puderzucker bestäuben.

Schoko-Minz-Kuchen

Für 8 Personen

Zutaten

- 175 g weiche Butter, plus etwas mehr zum Einfetten
- 150 g Mehl
- 2 EL Kakao
- 1 EL Backpulver
- 175 g Zucker
- 3 Eier, verquirlt
- 1 EL Milch
- 50 g Schoko-Minz-Stäbchen, gehackt, plus einige zum Dekorieren
- 150 g Schokoladencreme, Fertigprodukt, plus etwas mehr zum Beträufeln

1 Den Backofen auf 180 °C vorheizen. Zwei runde Backformen (20 cm Ø) einfetten und mit Backpapier auslegen.

2 Mehl, Kakao und Backpulver in eine Schüssel sieben. Butter, Zucker und Eier zugeben und alles zu einem glatten Teig verrühren. Die Milch und die gehackten Schoko-Minz-Stäbchen unterrühren.

3 Den Teig gleichmäßig auf die beiden Backformen verteilen. 25–30 Minuten im Ofen backen, bis der Teig aufgegangen und fest ist. Herausnehmen und 2 Minuten in den Formen abkühlen lassen, dann auf ein Kuchengitter setzen und vollständig auskühlen lassen.

4 Einen Boden auf einer Seite mit Schokoladencreme bestreichen und den zweiten daraufsetzen. Mit der restlichen Schokoladencreme durch Beträufeln dekorieren, je nachdem die Creme leicht erwärmen, damit sie flüssiger wird.

5 Den Kuchen mit Schoko-Minz-Stäbchen dekorieren.

Schoko-Fudge-Kuchen

Für 8 Personen

Zutaten

- 175 g weiche Butter, plus etwas mehr zum Einfetten
- 175 g brauner Rohrohrzucker
- 3 Eier, verquirlt
- 3 EL Zuckerrübensirup
- 40 g gemahlene Mandeln
- 175 g Mehl
- 1¾ TL Backpulver
- 1 Prise Salz
- 40 g Kakao

GLASUR

- 225 g Zartbitterschokolade, in Stücken
- 50 g dunkler Muskovado-Zucker
- 225 g Butter, in Flocken
- 5 EL Kondensmilch
- 2–3 Tropfen Vanillearoma

1 Zwei runde Backformen (20 cm ø) einfetten.

2 Für die Glasur Schokolade, Zucker, Butter, Kondensmilch und Vanillearoma in einem Topf unter ständigem Rühren sanft erhitzen, bis die Schokolade geschmolzen ist. Zum Abkühlen in eine Schüssel füllen. Abdecken und 1 Stunde in den Kühlschrank stellen.

3 Den Backofen auf 180 °C vorheizen. Butter und Zucker in einer Schüssel cremig schlagen. Nach und nach die Eier, dann Sirup und Mandeln unterrühren. Mehl, Backpulver, Salz und Kakao in eine zweite Schüssel sieben, dann in die Mischung rühren. Bei Bedarf etwas Wasser zugeben.

4 Den Teig auf die Backformen verteilen und 30–35 Minuten im Ofen backen, bis ein in die Mitte gestochener Holzspieß beim Herausziehen teigfrei bleibt.

5 Die Böden 5 Minuten in den Formen abkühlen lassen, dann zum Auskühlen auf Kuchengitter setzen. Einen Boden mit der Hälfte der Glasur bestreichen und den zweiten daraufsetzen. Den Kuchen rundum mit der restlichen Glasur überziehen und die Glasur dekorativ verstreichen.

Kokos-Limetten-Kuchen

Für 8 Personen

Zutaten

- 175 g weiche Butter, plus etwas mehr zum Einfetten
- 175 g Zucker
- 3 Eier, verquirlt
- 150 g Mehl
- 1½ TL Backpulver
- 90 g feine Kokosraspel
- Saft und abgeriebene Schale von 1 Limette

GLASUR

- 175 g Puderzucker
- Saft und abgeriebene Schale von 1 Limette
- 25 g Kokosraspel, leicht geröstet

1 Den Backofen auf 160 °C vorheizen. Eine runde Backform (20 cm Ø) einfetten und mit Backpapier auslegen.

2 Butter und Zucker in einer großen Schüssel mit einem Schneebesen cremig rühren. Nach und nach die Eier zufügen und gut verrühren. Mehl und Backpulver in die Schüssel sieben und vorsichtig mit einem Metalllöffel unterheben. Kokosraspel und Limettenschale und -saft unterheben.

3 Den Teig in die vorbereitete Backform geben und glatt streichen. 1–1¼ Stunden im Ofen backen. Der Teig sollte goldgelb sein und sich fest anfühlen. 5 Minuten in der Form abkühlen lassen, dann auf ein Kuchengitter setzen und vollständig auskühlen lassen.

4 Für die Glasur den Puderzucker in eine Schüssel sieben. Limettenschale und -saft zugeben und alles zu einer glatten Masse verrühren. Bei Bedarf noch etwas Wasser zugeben. Die Glasur auf dem Kuchen verteilen, dabei darf sie ruhig an den Seiten hinunterlaufen. Mit Kokosraspeln bestreuen und fest werden lassen.

Klementinenkuchen

Für 8 Personen

Zutaten

- 175 g weiche Butter, plus etwas mehr zum Einfetten
- 2 Klementinen
- 175 g Zucker
- 3 Eier, verquirlt
- 175 g Mehl
- 1½ TL Backpulver
- 3 EL gemahlene Mandeln
- 3 EL Sahne
- zerstoßener Würfelzucker, zum Bestreuen

GLASUR

- 6 EL Klementinensaft
- 2 EL Zucker

1 Den Backofen auf 180 °C vorheizen. Eine runde Backform (18 cm Ø) einfetten und mit Backpapier auslegen.

2 Die Klementinenschale mit einem Zestenschneider abschälen und fein hacken. Butter, Zucker und Klementinenschale in einer großen Schüssel cremig rühren.

3 Nach und nach die Eier zufügen und dabei kräftig schlagen.

4 Mehl und Backpulver vorsichtig mit einem Löffel unterheben. Dann Mandelmehl und Sahne einrühren. Die Teigmasse in die Form geben.

5 Im Ofen 55–60 Minuten backen. Am Ende der Backzeit sollte ein in die Mitte gestochener Holzspieß beim Herausziehen teigfrei bleiben. Kurz in der Backform abkühlen lassen.

6 Unterdessen die Glasur zubereiten. Dafür den Klementinensaft mit dem Puderzucker in einen kleinen Topf geben. Aufkochen und 5 Minuten köcheln lassen.

7 Den Kuchen auf ein Kuchengitter setzen. Die Glasur auf den Teig träufeln, bis die Flüssigkeit aufgesogen ist. Mit dem zerstoßenen Würfelzucker bestreuen.

Gefüllter Schokoladenkuchen

Für 10 Personen

Zutaten

- 175 g Butter, plus etwas mehr zum Einfetten
- 175 g Zucker
- 4 Eier, leicht verquirlt
- 200 g Mehl
- 2 TL Backpulver
- 1 EL Kakao
- 50 g Zartbitterschokolade, geschmolzen
- 200 g Kuvertüre, zum Dekorieren

GANACHE

- 450 g Sahne
- 375 g Zartbitterschokolade, in kleinen Stücken

1 Den Backofen auf 180 °C vorheizen. Eine Springform (20 cm Ø) einfetten und mit Backpapier auslegen. Butter und Zucker in einer Schüssel mit einem Schneebesen cremig rühren. Unter Rühren die Eier zugeben. Mehl, Backpulver und Kakao darübersieben und vermengen, dann die Schokolade unterheben.

2 Den Teig in die Form füllen und 40 Minuten im Ofen backen. Auf ein Kuchengitter stürzen und abkühlen lassen. Dann horizontal durchschneiden.

3 Für die Ganache die Sahne unter ständigem Rühren aufkochen, die Schokolade zugeben und schmelzen. In eine Schüssel geben und unter Rühren abkühlen lassen. Ein Drittel der Ganache beiseitestellen, den Rest zwischen die Kuchenschichten füllen und den Kuchen damit überziehen.

4 Die Kuvertüre schmelzen und auf einen Bogen Backpapier gießen. Abkühlen lassen, bis sie gerade fest geworden ist, dann Streifen daraus schneiden, die etwas breiter sind, als der Kuchen hoch ist. Die Streifen vorsichtig rund um den Kuchen legen.

5 Restliche Ganache in einen Spritzbeutel geben und den Kuchen tropfenweise damit dekorieren. Vor dem Servieren 1 Stunde in den Kühlschrank stellen.

Biskuitkuchen mit kandierten Kirschen

Für 8 Personen

Zutaten

- 200 g Butter, plus etwas mehr zum Einfetten
- 250 g kandierte Kirschen, geviertelt
- 80 g gemahlene Mandeln
- 200 g Mehl
- 1 TL Backpulver
- 200 g Zucker
- 3 Eier (Größe L)
- fein abgeriebene Schale und Saft von 1 Zitrone
- 6 Zuckerwürfel, zerstoßen

1 Den Backofen auf 180 °C vorheizen. Eine runde Backform (20 cm Ø) mit etwas Butter einfetten und mit Backpapier auslegen.

2 Kirschen, gemahlene Mandeln und 1 Esslöffel Mehl mischen. Das restliche Mehl und das Backpulver in eine weitere Schüssel sieben.

3 Butter und Zucker in einer Schüssel cremig rühren. Nach und nach die Eier zufügen und gut verrühren. Nacheinander Mehl- und Kirschmischung, Zitronenschale und -saft zugeben und alles zu einem glatten Teig verarbeiten.

4 Den Teig in die vorbereitete Form füllen und mit den zerstoßenen Zuckerwürfeln bestreuen. Etwa 1–1¼ Stunden im Ofen backen, bis der Kuchen aufgegangen ist und eine goldbraune Farbe angenommen hat.

5 Den Kuchen aus dem Ofen nehmen und 15 Minuten in der Form abkühlen lassen. Dann auf ein Kuchengitter stürzen und auskühlen lassen.

Apfel-Rosinen-Kuchen

Für 8–10 Personen

Zutaten

- 225 g weiche Butter, plus etwas mehr zum Einfetten
- 225 g heller Muskovado-Zucker
- 4 Eier (Größe L), leicht verquirlt
- 225 g Mehl
- 2 TL Backpulver
- 2 TL Zimt
- ½ TL geriebene Muskatnuss
- 90 g Sultaninen
- 3 kleine, süße Äpfel, geschält, entkernt und in dünnen Scheiben
- 2 EL klarer Honig, erwärmt

1 Den Backofen auf 180 °C vorheizen. Eine Springform (23 cm Ø) einfetten und mit Backpapier auslegen.

2 Butter und Zucker in einer großen Schüssel cremig rühren. Nach und nach die Eier zufügen und gut verrühren. Mehl, Backpulver, Zimt und Muskatnuss in die Schüssel sieben. Vorsichtig mit einem Metalllöffel einarbeiten. Danach die Sultaninen unterheben.

3 Die Hälfte des Teigs in die Backform geben und gleichmäßig verstreichen. Die Hälfte der Apfelscheiben darauf verteilen, die andere Teighälfte darübergeben und ebenfalls verstreichen. Die restlichen Apfelscheiben dekorativ auf dem Teig auslegen.

4 Im Ofen 1–1¼ Stunden backen. Der Kuchen sollte aufgegangen sein und eine goldbraune Farbe haben. 10 Minuten in der Backform abkühlen lassen, dann auf ein Kuchengitter setzen. Mit dem erwärmten Honig bestreichen und vollständig auskühlen lassen.

Pekannuss-Cremetorte

Für 10 Personen

Zutaten

- 200 ml Sonnenblumenöl, plus etwas mehr zum Einfetten
- 250 g Mehl
- 250 g Zucker
- 1 TL Zimt
- 1 TL Natron
- 3 Eier, verquirlt
- 100 g Pekannüsse, grob gehackt, plus etwas mehr zum Dekorieren
- 3 reife Bananen (etwa 400 g Fruchtfleisch), zerdrückt
- 80 g Ananasstücke aus der Dose, abgetropft, plus 4 EL Saft aus der Dose

CREME

- 180 g Doppelrahm-Frischkäse
- 50 g Butter
- 5 Tropfen Vanillearoma
- 400 g Puderzucker

1 Den Backofen auf 180 °C vorheizen. Drei runde Backformen (24 cm Ø) mit etwas Öl einfetten und mit Backpapier auslegen.

2 Mehl, Zucker, Zimt und Natron in eine große Schüssel sieben. Eier, Öl, Pekannüsse, Bananen, Ananas und Ananassaft zufügen und alles gut vermengen.

3 Den Teig gleichmäßig auf die Formen verteilen und glatt streichen. Etwa 25–30 Minuten im Ofen backen, bis die Tortenböden eine goldbraune Farbe annehmen und beim Andrücken leicht nachgeben.

4 Die Böden aus dem Ofen nehmen und 10 Minuten in den Formen abkühlen lassen. Auf ein Kuchengitter stürzen und auskühlen lassen.

5 Für die Creme Frischkäse, Butter und Vanillearoma in einer Schüssel vermengen. Den Puderzucker darübersieben und glatt rühren.

6 Einen Boden mit etwas Creme bestreichen, den zweiten daraufsetzen, ebenfalls mit Creme bestreichen und mit dem dritten Boden abschließen. Die restliche Creme auf der Torte verteilen und glatt streichen. Mit gehackten Pekannüssen dekorieren und servieren.

Kaffee-Walnuss-Torte

Für 8 Personen

Zutaten

- 175 g weiche Butter, plus etwas mehr zum Einfetten
- 175 g heller Muskovado-Zucker
- 3 Eier (Größe L), verquirlt
- 3 EL frisch aufgebrühter schwarzer Kaffee
- 175 g Mehl
- 3 TL Backpulver
- 120 g Walnüsse, grob gehackt
- Walnusshälften, zum Dekorieren

CREME

- 125 g Butter
- 200 g Puderzucker
- 1 EL frisch aufgebrühter Espresso
- 3 Tropfen Vanillearoma

1 Den Backofen auf 180 °C vorheizen. Zwei runde Backformen (20 cm Ø) mit etwas Butter einfetten und mit Backpapier auslegen.

2 Butter und Zucker in einer Schüssel cremig rühren. Nach und nach die Eier und den Kaffee zufügen und gut verrühren.

3 Mehl und Backpulver darübersieben, Walnüsse zugeben und alles zu einem glatten Teig verarbeiten.

4 Den Teig auf die Formen verteilen und glatt streichen. Etwa 20–25 Minuten im Ofen backen, bis die Böden goldbraun sind und beim Andrücken leicht nachgeben. Auf Kuchengitter stürzen und abkühlen lassen.

5 Für die Creme alle Zutaten in eine Schüssel geben und gut vermengen.

6 Die Hälfte der Creme auf einen Boden streichen, den zweiten Boden daraufsetzen und die restliche Creme darüber verteilen. Mit einem Palettenmesser die Creme dekorativ verzieren. Die Torte mit den Walnusshälften dekorieren und servieren.

Schokoladen-Schichtkuchen

Für 10–12 Personen

Zutaten

- 50 g Butter, zerlassen, plus etwas mehr zum Einfetten
- 7 Eier
- 200 g Zucker
- 150 g Mehl
- 50 g Kakao

FÜLLUNG

- 125 g Butter
- 200 g Zartbitterschokolade
- 50 g Puderzucker

DEKORATION

- 75 g geröstete Mandelblätter, leicht zerkleinert
- Schokoladenspäne

1 Den Backofen auf 180 °C vorheizen. Eine Backform (23 cm x 23 cm) leicht einfetten und mit Backpapier auslegen.

2 Eier und Zucker so lange kräftig verquirlen, bis der Eischaum steife Spitzen bildet.

3 Mehl und Kakao zusammen sieben und die Hälfte davon unter die Eimasse heben. Die zerlassene Butter zugießen, dann den Rest der Mehl-Kakao-Mischung unterheben. Den Teig in die Form füllen und 30–35 Minuten im Ofen backen, bis der Kuchen beim Andrücken leicht nachgibt. Den Kuchen 5 Minuten abkühlen lassen, anschließend aus der Form nehmen und auf ein Kuchengitter legen.

4 Für die Füllung Butter und Schokolade zusammen schmelzen, den Topf vom Herd nehmen und den Puderzucker einrühren. Nach dem Abkühlen zu einer dicken Creme aufschlagen.

5 Den Kuchen längs halbieren, die Hälften jeweils in 3 Schichten schneiden und das Ganze mit drei Vierteln der Schokoladencreme wieder zusammensetzen. Den Kuchen mit dem Rest der Creme überziehen, mit der Gabel ein dekoratives Muster einritzen und die Seiten mit den Mandelblättern bestreuen. Mit Schokoladenspänen oder geriebener Schokolade garnieren.

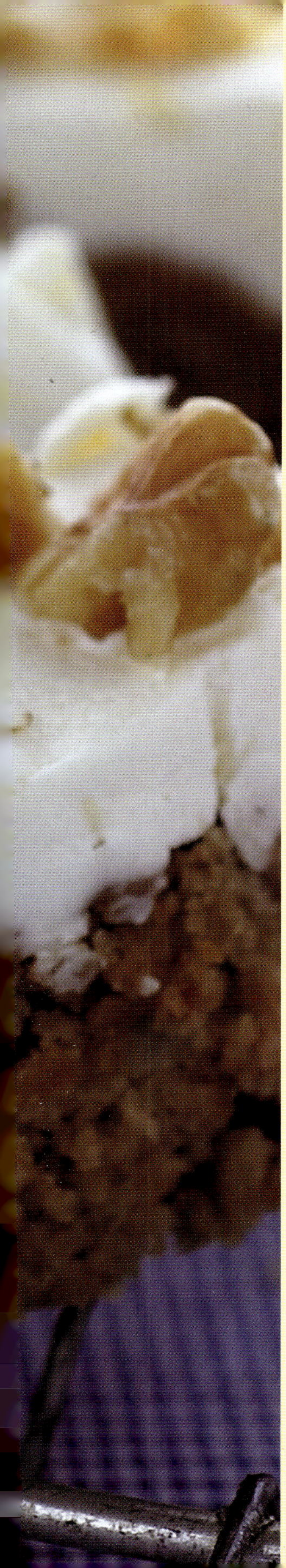

Karottenkuchen

Für 12 Personen

Zutaten

- Butter, zum Einfetten
- 125 g Mehl
- 1 TL Backpulver
- 1 Prise Salz
- 1 TL Zimt
- 125 g brauner Zucker
- 2 Eier, verquirlt
- 100 ml Sonnenblumenöl
- 125 g Karotten, fein gerieben
- 25 g Kokosraspel
- 25 g Walnüsse, gehackt
- Walnussstücke, zum Garnieren

CREME

- 50 g weiche Butter
- 50 g Frischkäse
- 225 g Puderzucker, gesiebt
- 1 TL Zitronensaft

1 Den Backofen auf 180 °C vorheizen. Eine Backform (20 cm x 20 cm) leicht einfetten und mit Backpapier auslegen.

2 Mehl, Backpulver, Salz und Zimt in eine Schüssel sieben. Zucker zugeben, Eier und Öl zufügen und alles gut unterrühren.

3 Karotten, Kokosraspel und Walnüsse zugeben und unterrühren.

4 Den Teig in die Form füllen und 20–25 Minuten im Ofen backen, bis er gerade fest ist. Dann in der Form abkühlen lassen.

5 Für die Creme Butter, Frischkäse, Puderzucker und Zitronensaft in einer Schüssel gut verrühren.

6 Den fertigen Kuchen aus der Form nehmen und in 12 Stücke schneiden. Die Schnitten mit der vorbereiteten Creme bestreichen und mit Walnussstücken garnieren.

Bananenkuchen

Für 8 Personen

Zutaten

- Butter, zum Einfetten
- 125 g Mehl
- 100 g Vollkornmehl
- 2 TL Backpulver
- 1 Prise Salz
- ½ TL Zimt
- ½ TL frisch geriebene Muskatnuss
- 150 g Demerara-Zucker
- 2 große, reife Bananen
- 175 ml Orangensaft
- 2 Eier, verquirlt
- 4 EL Rapsöl

1 Den Backofen auf 180 °C vorheizen. Eine Kastenform (für ein 1000-g-Brot) einfetten und mit Backpapier auslegen.

2 Mehlsorten, Backpulver, Salz und Gewürze in eine große Schüssel sieben. Den Zucker unterrühren.

3 In einer separaten Schüssel die Bananen zusammen mit dem Orangensaft zerdrücken und Eier und Öl einrühren. Die trockenen Zutaten dazugeben und alles gut verrühren.

4 Die Backmischung in die Kastenform geben und 1 Stunde im Ofen backen. Als Gartest einen Holzspieß in die Mitte des Teigs stechen. Wenn er beim Herausziehen teigfrei ist, ist der Kuchen fertig. Wenn nicht, weitere 10 Minuten backen und erneut testen.

5 Aus dem Ofen nehmen und in der Backform abkühlen lassen. Den Kuchen stürzen, in Scheiben schneiden und servieren.

Kürbiskuchen mit Orangen

Für 10–12 Personen

Zutaten

- 175 g weiche Butter, plus etwas mehr zum Einfetten
- 175 g brauner Zucker
- 3 Eier, verquirlt
- abgeriebene Schale und Saft von 1 Orange
- 225 g Vollkornmehl
- 3 TL Backpulver
- 1 TL Zimt
- 220 g Butternut-Kürbisfleisch, grob geraspelt
- 120 g Sultaninen

BELAG

- 225 g Doppelrahm-Frischkäse
- 50 g Puderzucker, gesiebt
- 1 TL abgeriebene Orangenschale (von den oberen Zutaten)
- 2–3 TL frisch gepresster Orangensaft (von den oberen Zutaten)
- Orangenzesten, zum Dekorieren

1 Den Backofen auf 180 °C vorheizen. Eine Springform (18 cm Ø) einfetten und beiseitestellen.

2 Für den Teig Butter und Zucker in einer Schüssel cremig rühren. Die Eier nach und nach unterschlagen. 1 Teelöffel Orangenschale für den Belag aufbewahren, die restliche Schale zum Teig geben. Mehl, Backpulver und Zimt kurz untermischen. Kürbis und Sultaninen unterheben. 1 Teelöffel Orangensaft einrühren, damit der Teig weich wird. In die Form füllen und glatt streichen.

3 Den Kuchen 1 Stunde im Ofen backen, bis er aufgegangen und goldbraun ist. Aus dem Ofen nehmen und einige Minuten in der Form abkühlen lassen. Dann auf einem Kuchengitter vollständig auskühlen lassen.

4 Für den Belag Frischkäse, Puderzucker, restliche Orangenschale und 2–3 Teelöffel Orangensaft glatt rühren. Auf dem kalten Kuchen mit einem Löffelrücken dekorativ verstreichen und mit Orangenzesten verzieren. In Stücke schneiden und sofort servieren.

Zitronenkuchen

Für 8 Personen

Zutaten

- Butter, zum Einfetten
- 200 g Mehl
- 2 TL Backpulver
- 200 g Zucker
- 4 Eier
- 150 g saure Sahne
- abgeriebene Schale von 1 Zitrone
- 4 EL Zitronensaft
- 150 ml Sonnenblumenöl

SIRUP

- 4 EL Puderzucker
- 3 EL Zitronensaft

1 Den Backofen auf 180 °C vorheizen. Eine runde Springform (20 cm Ø) leicht einfetten und mit Backpapier auslegen.

2 Mehl und Backpulver in eine Schüssel sieben. Den Zucker einrühren.

3 In einer separaten Schüssel Eier, saure Sahne, Zitronenschale und -saft und das Öl verrühren.

4 Die Eiermischung zu der Mehlmischung geben und alles zu einem glatten Teig verarbeiten.

5 Den Teig in die Backform geben und 45–60 Minuten im Ofen backen, bis der Kuchen aufgegangen und goldbraun ist.

6 Unterdessen Puderzucker und Zitronensaft für den Sirup in einem kleinen Topf verrühren. Bei niedriger Hitze erwärmen, bis kleine Blasen aufsteigen und die Mischung eindickt.

7 Den Kuchen aus dem Ofen nehmen, mit einem Holzspieß mehrmals einstechen und mit dem Sirup bestreichen. Vollständig in der Backform auskühlen lassen, dann servieren.

Ingwerbrot

Ergibt 12–16 Stück

Zutaten

- 450 g Mehl
- 3 TL Backpulver
- 1 TL Natron
- 3 TL gemahlener Ingwer
- 175 g Butter
- 175 g brauner Zucker
- 175 g Melasse
- 175 g Zuckerrübensirup
- 1 Ei, verquirlt
- 300 ml Milch

1 Den Backofen auf 160 °C vorheizen. Eine Backform (24 cm x 24 cm) mit Backpapier auslegen.

2 Mehl, Backpulver, Natron und Ingwer in eine große Rührschüssel sieben.

3 Butter, braunen Zucker, Melasse und Sirup in einen Topf geben und bei geringer Hitze erwärmen, bis die Butter zerlassen ist und der Zucker sich aufgelöst hat. Etwas abkühlen lassen.

4 Das Ei mit der Milch verquirlen und zur abgekühlten Sirupmasse geben. Die Masse mit einem Holzlöffel sorgfältig unter die Trockenzutaten rühren, bis ein glatter und glänzender Teig entsteht.

5 Den Teig in die Backform füllen und 90 Minuten im Ofen backen, bis er aufgegangen und fest ist.

6 Das Ingwerbrot aus dem Ofen nehmen und in der Form auskühlen lassen. Mit dem Backpapier auf ein Kuchengitter heben. In Alufolie einschlagen und in einem luftdicht verschließbaren Behälter bis zu 1 Woche ruhen lassen, damit sich die Aromen gut entwickeln können. Vor dem Servieren in kleine Stücke schneiden.

Weiße Schokoladen-Espresso-Torte

Für 8–10 Personen

Zutaten

- 40 g Butter, plus etwas mehr zum Einfetten
- 90 g weiße Schokolade
- 125 g Zucker
- 4 Eier (Größe L), verquirlt
- 2 EL Espresso
- 5 Tropfen Vanillearoma
- 125 g Mehl
- weiße Schokoladenhobel, zum Dekorieren

GLASUR

- 175 g weiße Schokolade
- 90 g Butter
- 125 g Crème fraîche
- 125 g Puderzucker, gesiebt
- 1 EL Kaffeelikör, ersatzweise Espresso

1 Den Backofen auf 180 °C vorheizen. Zwei runde Backformen (20 cm Ø) einfetten und mit Backpapier auslegen.

2 Butter und Schokolade im Wasserbad schmelzen. Sobald die Mischung flüssig ist, leicht verrühren und vom Herd nehmen.

3 Zucker, Eier, Espresso und Vanillearoma in eine große Metallschüssel geben und diese ebenfalls ins Wasserbad stellen. Mit dem Handmixer verrühren, bis die Mischung glatt und so fest ist, dass der Mixer beim Herausheben eine Spur hinterlässt.

4 Aus dem Wasserbad nehmen, das Mehl einsieben und rasch und vorsichtig unterheben. Dann ebenso rasch die Butter-Schokoladen-Mischung unterziehen und alles auf die beiden Backformen verteilen.

5 Im Ofen 25–30 Minuten backen. Der Teig sollte goldbraun und elastisch sein. 2 Minuten in den Formen abkühlen lassen, dann die beiden Böden mit einem Messer ringsum vom Rand der Form lösen. Zum Abkühlen auf ein Kuchengitter geben.

6 Für die Glasur Schokolade und Butter im Wasserbad schmelzen. Vom Herd nehmen, die Crème fraîche einrühren, dann den Puderzucker und den Kaffeelikör zugeben und glatt rühren. Die Masse mindestens 30 Minuten kalt stellen, dabei gelegentlich umrühren, bis sie dickflüssig und glänzend ist.

7 Etwa ein Drittel der Glasur auf einem Boden verteilen und den zweiten daraufsetzen. Mit der restlichen Glasur die Torte rundum schwungvoll bestreichen. Mit den Schokoladenhobeln bestreuen und fest werden lassen.

2

Cupcakes, Muffins & Riegel

Mit kleinen Kuchen liegen Sie immer richtig, sei es auf einem Kindergeburtstag, zu einem besonderen Anlass oder als Geschenk für Freunde und Verwandte. In diesem Kapitel finden Sie eine herrliche Auswahl an leicht zu backenden Törtchen, Muffins, Brownies und Riegeln für jeden Geschmack. Die klassischen und modernen Rezepte werden Groß und Klein gleichermaßen begeistern.

Karotten-Orangen-Cupcakes mit Mascarpone

Ergibt 12 Stück

Zutaten

- 125 g weiche Butter oder Margarine
- 125 g brauner Zucker
- Saft und abgeriebene Schale von 1 Orange
- 2 Eier (Größe L), leicht verquirlt
- 175 g Karotten, gerieben
- 4½ EL Walnüsse, grob gehackt
- 125 g Mehl
- 1½ TL Backpulver
- 1 TL Lebkuchengewürz

BELAG

- 280 g Mascarpone
- 4 EL Puderzucker
- abgeriebene Schale von 1 Orange

1 Den Backofen auf 180 °C vorheizen. Eine 12er-Muffinform mit Papierförmchen auslegen.

2 Butter, Zucker und Orangenschale in einer Schüssel cremig rühren. Nach und nach die Eier zufügen und alles gründlich verrühren. Die geriebenen Karotten in einem Küchentuch ausdrücken und zusammen mit Walnüssen und Orangensaft in die Schüssel geben. Alles gut verrühren. Mehl, Backpulver und Lebkuchengewürz zugeben und mit einem Metalllöffel unterziehen. Den Teig in die Papierförmchen füllen.

3 Die Cupcakes 25 Minuten im Ofen goldbraun backen, bis sie sich rundum fest anfühlen. Auf einem Kuchengitter abkühlen lassen.

4 Für den Belag Mascarpone, Puderzucker und abgeriebene Orangenschale in eine große Schüssel geben und alles gut verrühren.

5 Wenn die Cupcakes abgekühlt sind, den Belag daraufstreichen. Die Cupcakes bis zum Servieren kalt stellen.

Blaubeer-Muffins

Ergibt 10–12 Stück

Zutaten

- 250 g Mehl
- 1 TL Backpulver
- 1 Prise Salz
- 100 g Demerara-Zucker, plus 1 EL zum Bestreuen
- 1 Ei, verquirlt
- 225 ml Milch
- 50 g Butter, zerlassen
- 125 g frische kleine Blaubeeren

1 Den Backofen auf 180 °C vorheizen. Eine 12er-Muffinform mit Papierförmchen auslegen. Mehl, Backpulver und Salz in eine große Schüssel sieben, den Zucker einrühren.

2 Ei, Milch und Butter vorsichtig einrühren, bis alles vermengt ist. Nicht zu stark verrühren. Die Blaubeeren unterheben.

3 Den Teig sparsam in die Papierförmchen geben. Mit etwas Zucker bestreuen.

4 Im Ofen 25–30 Minuten backen, bis die Muffins goldbraun und fest sind. Auf einem Kuchengitter auskühlen lassen.

Schokoladen-Muffins

Ergibt 12 Stück

Zutaten

- 100 g weiche Butter
- 125 g Zucker
- 100 g dunkler Muskovado-Zucker
- 2 Eier
- 150 g saure Sahne
- 5 EL Milch
- 250 g Mehl
- 1 TL Natron
- 2 EL Kakao
- 200 g Zartbitter-Schokotropfen

1 Den Backofen auf 190 °C vorheizen. Eine 12er-Muffinform mit Papierförmchen auslegen.

2 Butter und beide Zuckersorten in einer Schüssel cremig rühren. Eier, saure Sahne und Milch unterschlagen. Mehl, Natron und Kakao in eine separate Schüssel sieben, dann unter den Teig heben. Schließlich die Schokotropfen einrühren.

3 Den Teig auf die Papierförmchen verteilen und etwa 25–30 Minuten im Ofen backen. Aus dem Ofen nehmen und 10 Minuten in der Form abkühlen lassen. Dann die Muffins auf ein Kuchengitter setzen und vollständig auskühlen lassen.

Vanille-Cupcakes

Ergibt 12 Stück

Zutaten

- 125 g weiche Butter
- 125 g brauner Rohrohrzucker
- 2 Eier, leicht verquirlt
- 125 g Mehl
- 1 TL Backpulver
- 1 EL Milch
- kandierte Rosenblütenblätter, zum Dekorieren

HAUBE

- 175 g weiche Butter
- 10 Tropfen Vanillearoma
- 2 EL Milch
- 300 g Puderzucker, gesiebt

1 Den Backofen auf 180 °C vorheizen. Eine 12er-Muffinform mit Papierförmchen auslegen.

2 Butter und Zucker in einer großen Schüssel cremig rühren. Nach und nach die Eier unterrühren. Mehl und Backpulver zugeben und vorsichtig mit einem Metalllöffel unterheben. Die Milch dazugießen und einarbeiten.

3 Den Teig auf die Papierförmchen verteilen. 15–20 Minuten im Ofen backen, bis der Teig goldbraun ist und sich fest anfühlt. Auf dem Kuchengitter auskühlen lassen.

4 Für die Haube Butter, Vanillearoma und Milch in eine große Schüssel geben. Mit dem Handmixer glatt rühren. Nach und nach den Puderzucker zugeben und 2–3 Minuten sehr luftig und cremig schlagen.

5 Die Creme in einen Spritzbeutel mit Sterntülle geben und eine Haube auf jedes Törtchen spritzen. Mit den kandierten Rosenblütenblättern dekorieren.

Honig-Cupcakes

Ergibt 12 Stück

Zutaten

- 100 g Mehl
- 1 TL Backpulver
- ¼ TL Zimt
- 1 Prise gemahlene Nelken
- 1 Prise gemahlene Muskatnuss
- 100 g weiche Butter
- 100 g Zucker
- 1 EL flüssiger Honig
- abgeriebene Schale von 1 Orange
- 2 Eier, leicht verquirlt
- 4 EL Walnüsse, fein gehackt

BELAG

- 1½ EL Walnüsse, fein gehackt
- ¼ TL Zimt
- 2 EL flüssiger Honig
- Saft von 1 Orange

1 Den Backofen auf 190 °C vorheizen. Eine 12er-Muffinform mit Papierförmchen auslegen.

2 Mehl, Backpulver, Zimt, Nelken und Muskatnuss in einer Schüssel vermengen. Butter und Zucker in einer anderen Schüssel cremig rühren. Honig und Orangenschale unterrühren, dann die Eier portionsweise zugeben und alles gründlich verrühren. Die Mehlmischung mit einem Metalllöffel unterziehen. Die Walnüsse einrühren, dann den Teig in die Papierförmchen füllen.

3 Die Törtchen 20 Minuten im Ofen goldbraun backen. Auf einem Kuchengitter abkühlen lassen.

4 Für den Belag Walnüsse und Zimt mischen. Honig und Orangensaft in einem kleinen Topf auf mittlerer Stufe unter Rühren erhitzen.

5 Wenn die Törtchen fast ganz abgekühlt sind, die Oberfläche mit einer Gabel einstechen und mit der warmen Honigmischung beträufeln. Die Walnussmischung auf die Törtchen streuen und warm oder kalt servieren.

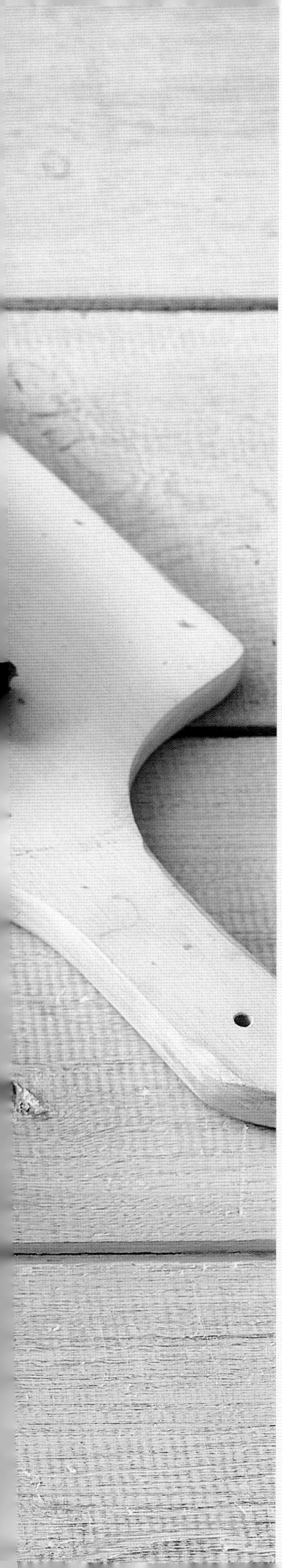

Dattel-Pistazien-Schnitten

Ergibt 12 Schnitten

Zutaten

- 250 g Datteln, entsteint und gehackt
- 2 EL Zitronensaft
- 2 EL Wasser
- 90 g Pistazien, gehackt
- 2 EL klarer Honig
- Milch, zum Bestreichen

TEIG

- 225 g Mehl
- 25 g brauner Rohrohrzucker
- 150 g Butter
- 4–5 EL kaltes Wasser, zum Verrühren

1 Datteln, Zitronensaft und Wasser in einen Topf geben und unter Rühren aufkochen. Vom Herd nehmen.

2 Die gehackten Pistazien und 1 Esslöffel Honig einrühren, abdecken und abkühlen lassen.

3 Den Backofen auf 200 °C vorheizen. Ein Backblech mit Backpapier auslegen. Für den Teig Mehl, Zucker und Butter in die Küchenmaschine geben und zu feinen Streuseln verarbeiten.

4 Gerade so viel Wasser zugeben, dass ein weicher, aber nicht klebriger Teig entsteht.

5 Auf einer bemehlten Arbeitsfläche zu zwei Teigplatten von 30 cm x 20 cm ausrollen. Eine Teigplatte auf ein Backblech legen.

6 Die Dattel-Nuss-Mischung auf dem Teig verstreichen, dabei an allen Seiten etwa 1 cm frei lassen. Die zweite Teigplatte darauflegen.

7 Mit den Fingern an den Rändern festdrücken. Dann mit dem Messer die Ränder begradigen und 12 Schnittkanten auf dem Teig markieren. Mit Milch bestreichen.

8 Im Ofen 20–25 Minuten goldbraun backen. Mit dem restlichen Honig bestreichen und auf einem Kuchengitter auskühlen lassen.

9 Entlang der markierten Kanten in 12 Schnitte teilen und zum Kaffee oder als Snack servieren.

Schwarz-Weiß-Brownies

Ergibt 12 Stück

Zutaten

- 225 g weiche Butter, plus etwas mehr zum Einfetten
- 150 g Zartbitterschokolade, in Stücken
- 225 g Mehl
- 2 TL Backpulver
- 125 g Zucker
- 4 Eier, verquirlt
- 75 g Pistazien, gehackt
- 100 g weiße Schokolade, grob gehackt
- Puderzucker, zum Bestäuben

1 Den Backofen auf 180 °C vorheizen. Eine Backform (23 cm x 23 cm) einfetten und mit Backpapier auslegen.

2 Butter und Schokolade im Wasserbad schmelzen. Vom Herd nehmen und leicht abkühlen lassen.

3 Mehl und Backpulver in eine Schüssel sieben und den Zucker einrühren.

4 Die Eier zu der Schokoladenmischung geben und unterrühren. Dann zu der Mehlmischung geben und alles gründlich mit dem Handmixer verquirlen. Pistazien und weiße Schokolade unterrühren. Den Teig in die Backform geben und mit einem Palettenmesser gleichmäßig verstreichen.

5 Im Ofen 30–35 Minuten backen. Der Teig sollte sich an den Rändern fest anfühlen. 20 Minuten in der Form abkühlen lassen, dann auf ein Kuchengitter setzen. Mit Puderzucker bestäuben und vollständig auskühlen lassen. In 12 Stücke schneiden und servieren.

Cappuccino-Brownies

Ergibt 15 Stück

Zutaten

- 225 g weiche Butter, plus etwas mehr zum Einfetten
- 225 g Mehl
- 2 TL Backpulver
- 1 TL Kakao, plus etwas mehr zum Bestäuben
- 220 g brauner Rohrohrzucker
- 4 Eier, verquirlt
- 3 EL Instant-Kaffeepulver, in 2 EL heißem Wasser verrührt

GLASUR

- 125 g weiße Schokolade, in Stücken
- 60 g weiche Butter
- 3 EL Milch
- 175 g Puderzucker

1 Den Backofen auf 180 °C vorheizen. Eine flache Backform (20 cm x 30 cm) einfetten und mit Backpapier auslegen.

2 Mehl und Backpulver in eine Rührschüssel sieben, Kakao, Butter, Zucker, Eier und Kaffee zugeben. Mit einem Handmixer gründlich verrühren, bis ein glatter Teig entsteht. In die Form füllen und die Oberfläche glatt streichen.

3 Im Ofen 35–40 Minuten backen oder bis der Kuchen aufgegangen und fest ist. In der Form 10 Minuten abkühlen lassen, auf ein Kuchengitter setzen und das Backpapier abziehen. Vollständig auskühlen lassen.

4 Für die Glasur Schokolade, Butter und Milch im Wasserbad schmelzen und verrühren. Vom Herd nehmen und den Puderzucker einrühren. Glatt rühren, dann auf dem Kuchen verstreichen. Mit Kakao bestäuben und in Quadrate schneiden.

Malz-Schoko-Ecken

Ergibt etwa 16 Stück

Zutaten

- 100 g Butter, plus etwas mehr zum Einfetten
- 2 EL Zuckerrübensirup
- 2 EL Ovomaltine
- 225 g Biskuitkekse
- 75 g Vollmilch- oder Zartbitterschokolade, in kleinen Stücken
- 2 EL Puderzucker
- 2 EL Milch

1 Eine Springform (18 cm Ø) leicht einfetten und mit Backpapier auslegen.

2 Butter, Sirup und Ovomaltine unter ständigem Rühren in einem Topf erhitzen, bis sich alles gut verbunden hat.

3 Die Kekse in einen Gefrierbeutel geben und mit einer Kuchenrolle zerdrücken oder im Mixer zerkleinern. Die zerbröselten Kekse in die Buttermischung geben und gut verrühren.

4 Die Mischung in die vorbereitete Form füllen, fest andrücken und dann in den Kühlschrank stellen, bis sie fest geworden ist.

5 Schokolade, Puderzucker und Milch unter ständigem Rühren im Wasserbad erhitzen, bis eine glatte Masse entsteht.

6 Die Glasur über den Keksboden gießen und abkühlen lassen. Zum Servieren mit einem scharfen Messer in Tortenstücke schneiden.

Früchtekekse

Ergibt 8–10 Stück

Zutaten

- 125 g Butter, plus etwas mehr zum Einfetten
- 225 g Mehl
- 2 TL Backpulver
- 90 g heller Muskovado-Zucker
- 90 g Trockenfrüchte
- fein abgeriebene Schale von 1 Zitrone
- 1 Ei
- 1–2 EL Milch
- 2 TL Demerara-Zucker

1 Den Backofen auf 200 °C vorheizen. Zwei Backbleche leicht einfetten.

2 Mehl und Backpulver in eine große Schüssel sieben und die Butter mit den Fingern in der Mehlmischung verreiben. Den Muskovado-Zucker unterrühren und die Trockenfrüchte und die Zitronenschale zugeben.

3 Das Ei mit 1 Esslöffel Milch leicht verquirlen. Unter die Mehlmischung rühren und bei Bedarf etwas mehr Milch zugeben, bis ein feuchter, aber fester Teig entsteht.

4 Vom Teig esslöffelgroße Portionen abstechen und auf die Backbleche setzen. Mit dem Demerara-Zucker bestreuen.

5 Im Ofen 15–20 Minuten goldbraun backen. Mit einem Palettenmesser von den Blechen nehmen und auf ein Kuchengitter setzen. Dort auskühlen lassen.

Hafer-Nuss-Riegel

Ergibt 16 Stück

Zutaten

- 125 g Butter, plus etwas mehr zum Einfetten
- 200 g Haferflocken
- 125 g Haselnüsse, gehackt
- 50 g Mehl
- 2 EL Zuckerrübensirup
- 90 g heller Muskovado-Zucker

1 Den Backofen auf 180 °C vorheizen. Eine Back- oder Auflaufform (23 cm x 23 cm) einfetten. Haferflocken, Haselnüsse und Mehl in einer großen Schüssel verrühren.

2 Butter, Sirup und Zucker in einen kleinen Topf geben und bei niedriger Hitze unter Rühren schmelzen. Die Mehlmischung zugeben und gründlich unterrühren. Den entstandenen Teig in die Backform geben und mit einem Löffelrücken gleichmäßig verstreichen.

3 Im Ofen 20–25 Minuten backen, bis der Teig goldbraun ist und sich fest anfühlt. Mit der Messerspitze 16 Stücke markieren, die Stücke aber noch nicht durchschneiden. In der Form abkühlen lassen. Die vollständig ausgekühlte Masse in die markierten 16 Stücke schneiden und aus der Form nehmen.

Schoko-Erdnuss-butter-Gebäck

Ergibt 20 Stück

Zutaten

- 225 g Butter, plus etwas mehr zum Einfetten
- 300 g Vollmilchschokolade
- 350 g Mehl
- 1 TL Backpulver
- 350 g brauner Zucker
- 175 g zarte Haferflocken
- 70 g gemischte Nüsse, gehackt
- 1 Ei, verquirlt
- 400 ml Kondensmilch aus der Dose
- 70 g grobe Erdnussbutter

1 Den Backofen auf 180 °C vorheizen. Eine flache Backform (20 cm x 30 cm) einfetten.

2 Die Schokolade fein hacken. Mehl und Backpulver in eine große Rührschüssel sieben. Die Butter zugeben und mit den Fingern in der Mehlmischung verreiben, bis ein krümeliger Teig entsteht. Zucker, Haferflocken und gehackte Nüsse zufügen.

3 Ein Viertel der Mischung abnehmen und mit der Schokolade in eine zweite Schüssel geben. Beiseitestellen.

4 Das Ei zu der verbleibenden Mischung geben, einarbeiten und damit die Form auslegen. Die Mischung fest andrücken. 15 Minuten im Ofen backen. Inzwischen Kondensmilch und Erdnussbutter miteinander vermischen. Den Boden aus dem Ofen nehmen und die Milchcreme gleichmäßig darauf verstreichen. Die Schokoladenmischung obenauf verteilen und leicht andrücken.

5 Im Ofen weitere 20 Minuten backen, bis das Gebäck goldbraun wird. In der Form abkühlen lassen, dann in Quadrate oder Streifen schneiden.

Aprikosenschnitten mit Schokolade

Ergibt 12 Stück

Zutaten

- 125 g Butter, plus etwas mehr zum Einfetten
- 175 g weiße Schokolade, gehackt
- 4 Eier
- 100 g Zucker
- 250 g Mehl, gesiebt
- 1 TL Backpulver
- 1 Prise Salz
- 100 g getrocknete Aprikosen, gehackt

1 Den Backofen auf 180 °C vorheizen. Eine Backform (20 cm x 20 cm) einfetten und mit Backpapier auslegen.

2 Butter und Schokolade im Wasserbad schmelzen. Die Mischung dabei gelegentlich mit einem Holzlöffel umrühren, bis sie glatt ist und glänzt. Dann vom Herd nehmen und etwas abkühlen lassen.

3 Eier und Zucker zugeben und gut mit der Schokoladenmischung verquirlen.

4 Mehl, Backpulver, Salz und Aprikosen behutsam unterrühren.

5 Den fertigen Teig in die Backform geben und im Ofen 25–30 Minuten backen.

6 Der Teig ist in der Mitte möglicherweise noch nicht ganz fest, er wird sich beim Abkühlen in der Form aber noch setzen.

7 Den ausgekühlten Kuchen aus der Form nehmen und in quadratische Stücke schneiden.

Wiener Törtchen

Ergibt 12 Stück

Zutaten

- 225 g weiche Butter
- 5 Tropfen Vanillearoma
- 90 g Puderzucker
- 175 g Mehl
- 1½ TL Backpulver
- 50 g Maismehl
- 2 EL Erdbeerkonfitüre
- Puderzucker, zum Bestäuben

1 Den Backofen auf 180 °C vorheizen. Eine 12er-Muffinform mit Papierförmchen auslegen.

2 Butter und Vanillearoma in einer großen Schüssel cremig schlagen. Den Puderzucker zufügen und alles kräftig verschlagen.

3 Mehl, Backpulver und Maismehl zusammen in eine Schüssel sieben, dann nach und nach in die Buttermasse rühren. Den entstandenen Teig in einen großen Spritzbeutel mit großer Sterntülle füllen und in die Papierförmchen geben. Eine kleine Mulde in die Mitte jeder Teigportion drücken.

4 Im Ofen 15–20 Minuten goldbraun backen. 15 Minuten in den Förmchen abkühlen lassen, dann auf ein Kuchengitter setzen und dort vollständig auskühlen lassen.

5 Etwas Konfitüre auf jedes Törtchen geben und mit Puderzucker bestäuben.

Zitronenschnitten

Ergibt 12 Stück

Zutaten

- 150 g weiche Margarine, plus etwas mehr zum Einfetten
- 2 Eier
- 175 g Zucker
- fein abgeriebene Schale von 1 Zitrone
- 175 g Mehl
- 1½ TL Backpulver
- 125 ml Milch
- Puderzucker, zum Bestäuben

SIRUP

- 140 g Puderzucker
- 50 ml frisch gepresster Zitronensaft

1 Den Backofen auf 180 °C vorheizen. Eine flache Backform (18 cm x 18 cm) mit etwas Margarine einfetten und mit Backpapier auslegen.

2 Eier, Zucker und Margarine in einer großen Schüssel cremig rühren. Zitronenschale, Mehl und Backpulver zugeben und gut verrühren. Die Milch zugießen und alles zu einem Teig verarbeiten. Den Teig in die Form füllen und glatt streichen.

3 Etwa 45–50 Minuten im Ofen backen, bis der Kuchen eine goldbraune Farbe angenommen hat und beim Andrücken leicht nachgibt. Aus dem Ofen nehmen und einige Minuten in der Form abkühlen lassen.

4 Für den Sirup Puderzucker und Zitronensaft in einem kleinen Topf unter Rühren erwärmen, bis sich der Zucker aufgelöst hat; dabei darauf achten, dass die Mischung nicht aufkocht.

5 Den warmen Kuchen mit einem Holzspieß mehrmals einstechen und den heißen Sirup mit einem Löffel gleichmäßig darüber verteilen.

6 Den Kuchen in der Form abkühlen lassen, dann auf eine Kuchenplatte stürzen und in 12 Stücke schneiden. Mit Puderzucker bestäuben und servieren.

Haselnussschnitten

Ergibt etwa 16 Stück

Zutaten

- 100 g Butter, in kleinen Stücken, plus etwas mehr zum Einfetten
- 150 g Mehl
- 1 TL Backpulver
- 1 Prise Salz
- 150 g brauner Zucker
- 1 Ei, verquirlt
- 4 EL Milch
- 100 g Haselnüsse, halbiert
- Demerara-Zucker, zum Bestreuen (nach Belieben)

1 Den Backofen auf 180 °C vorheizen. Eine Backform (23 cm x 23 cm) einfetten und mit Backpapier auslegen.

2 Mehl, Backpulver und Salz in eine große Schüssel sieben.

3 Die Butter mit den Fingern in der Mehlmischung verreiben, bis ein krümeliger Teig entsteht. Dann den Zucker einrühren.

4 Ei, Milch und Nüsse zugeben und gut verrühren.

5 Den Teig in die vorbereitete Form geben, glatt streichen und nach Belieben mit Demerara-Zucker bestreuen.

6 Den Teig 25 Minuten im Ofen backen, bis er fest geworden ist.

7 Den Kuchen 10 Minuten abkühlen lassen, aus der Form lösen, auf ein Kuchengitter legen und vollständig auskühlen lassen. Zum Servieren in kleine Quadrate schneiden.

Schoko-Karamell-Schnitten

Ergibt 12 Stück

Zutaten

- 125 g Butter, plus etwas mehr zum Einfetten
- 175 g Mehl
- 60 g brauner Rohrohrzucker
- 200 g Zartbitterschokolade, in Stücken

KARAMELL

- 175 g Butter
- 125 g brauner Rohrohrzucker
- 3 EL Zuckerrübensirup
- 400 g Kondensmilch

1 Den Backofen auf 180 °C vorheizen. Eine flache Backform (23 cm x 23 cm) einfetten und mit Backpapier auslegen.

2 Butter, Mehl und Zucker so lange verrühren, bis der Teig bindet. In die Form geben und glatt streichen. 20–25 Minuten backen, bis der Kuchen goldgelb ist.

3 Für den Karamell Butter, Zucker, Sirup und Kondensmilch in einem Topf sanft erhitzen, bis der Zucker aufgelöst ist. Aufkochen, die Hitze reduzieren und unter Rühren 6–8 Minuten einkochen, bis der Karamell zähflüssig ist. Über den Kuchen gießen und 2 Stunden im Kühlschrank fest werden lassen.

4 Die Schokolade im Wasserbad schmelzen und etwas abkühlen lassen. Dann auf dem Karamell verstreichen. 2 Stunden im Kühlschrank fest werden lassen. Mit einem scharfen Messer in 12 Stücke schneiden und servieren.

3

Plätzchen & Kekse

Selbst gebackene Plätzchen sind ein ganz besonderer Genuss. Mit den verführerischen Rezepten in diesem Kapitel können Sie Ihre Pause im Büro oder den Nachmittagskaffee versüßen oder anderen eine wunderbare Überraschung bereiten. Lassen Sie Ihrer Fantasie beim Backen freien Lauf – und überraschen Sie sich und Ihre Lieben mit immer wieder neuen Kreationen!

Chocolate Chip Cookies

Ergibt etwa 30 Stück

Zutaten

- 125 g weiche Margarine, plus etwas mehr zum Einfetten
- 175 g Mehl
- 1 TL Backpulver
- 75 g heller Muskovado-Zucker
- 75 g Zucker
- 3 Tropfen Vanillearoma
- 1 Ei
- 125 g Zartbitter-Schokotropfen

1 Den Backofen auf 190 °C vorheizen. Zwei Backbleche mit etwas Margarine einfetten.

2 Alle Zutaten in eine große Schüssel geben und zu einem Teig verarbeiten.

3 Vom Teig esslöffelgroße Portionen abstechen und mit großem Abstand auf die vorbereiteten Backbleche geben.

4 Die Cookies etwa 10–12 Minuten im Ofen goldbraun backen.

5 Aus dem Ofen nehmen, auf ein Kuchengitter heben und die Cookies abkühlen lassen.

Haferflocken-Cookies

Ergibt 30 Stück

Zutaten

- 175 g Butter oder Margarine, plus etwas mehr zum Einfetten
- 275 g Demerara-Zucker
- 1 Ei
- 4 EL Wasser
- 5 Tropfen Vanillearoma
- 400 g Haferflocken
- 140 g Mehl
- 1 TL Salz
- ½ TL Natron

1 Den Backofen auf 180 °C vorheizen. Zwei Backbleche mit etwas Butter einfetten.

2 Butter und Zucker in einer großen Schüssel cremig rühren. Ei, Wasser und Vanillearoma zufügen und alles glatt rühren. Haferflocken, Mehl, Salz und Natron in einer weiteren Schüssel mischen.

3 Die Haferflockenmischung nach und nach unter den Teig heben, bis alles gut vermengt ist.

4 Vom Teig esslöffelgroße Portionen abstechen und mit genügend Abstand auf die vorbereiteten Backbleche geben. Die Cookies etwa 15 Minuten im Ofen goldbraun backen.

5 Aus dem Ofen nehmen, auf ein Kuchengitter heben und abkühlen lassen.

Erdnussbutter-Cookies

Ergibt 26 Stück

Zutaten

- 120 g weiche Butter, plus etwas mehr zum Einfetten
- 120 g grobe Erdnussbutter
- 120 g brauner Rohrohrzucker
- 120 g Muskovado-Zucker
- 1 Ei, verquirlt
- 3 Tropfen Vanillearoma
- 95 g Mehl
- ½ TL Natron
- ½ TL Backpulver
- 1 Prise Salz
- 120 g Haferflocken

1 Den Backofen auf 180 °C vorheizen. Zwei Backbleche mit etwas Butter einfetten.

2 Butter und Erdnussbutter in einer Schüssel verrühren. Beide Zuckersorten zugeben, dann Ei und Vanillearoma unterrühren.

3 Mehl, Natron, Backpulver und Salz darübersieben, die Haferflocken zufügen und alles zu einem Teig verarbeiten.

4 Vom Teig esslöffelgroße Portionen abstechen, mit großem Abstand auf die vorbereiteten Bleche geben und leicht flach drücken.

5 Die Cookies etwa 12 Minuten im Ofen goldgelb backen. Aus dem Ofen nehmen und 2 Minuten auf den Blechen abkühlen lassen. Dann auf Kuchengitter heben und auskühlen lassen.

Schoko-Zimt-Berge

Ergibt etwa 30 Stück

Zutaten

- 225 g weiche Butter
- 140 g Zucker
- 1 Eigelb, leicht verquirlt
- 10 Tropfen Orangenaroma
- 280 g Mehl
- 1 Prise Salz
- 100 g Zartbitter-Schokotropfen

ZIMTÜBERZUG

- 1½ EL Zucker
- 1½ EL Zimt

1 Den Backofen auf 190 °C vorheizen. Zwei Backbleche mit Backpapier auslegen.

2 Butter und Zucker in einer Schüssel mit einem Schneebesen cremig rühren, dann Eigelb und Orangenaroma zugeben. Mehl und Salz darübersieben. Schokotropfen zufügen und mit einem Holzlöffel unterrühren, bis alle Zutaten gut miteinander vermengt sind.

3 Für den Zimtüberzug Zucker und Zimt in einem tiefen Teller vermischen. Aus dem Teig esslöffelgroße Portionen abstechen und mit den Händen zu Kugeln formen. In der Zimtmischung wälzen und mit ausreichendem Abstand auf die vorbereiteten Backbleche setzen.

4 Die Plätzchen 12–15 Minuten im Ofen backen. Zum Abkühlen 5–10 Minuten auf den Blechen lassen. Mit einem Palettenmesser vorsichtig auf Kuchengitter setzen und vollständig auskühlen lassen.

Engelstaler

Ergibt etwa 30 Stück

Zutaten

- 75 g weiche Butter
- 75 g Zucker
- 1 Ei
- 1 EL Milch
- 225 g Mehl
- 2 EL Kakao

GLASUR

- 175 g Puderzucker, gesiebt
- 3 EL Orangensaft
- etwas Zartbitterschokolade, geschmolzen

1 Den Backofen auf 180 °C vorheizen. Zwei Backbleche mit Backpapier auslegen.

2 Butter und Zucker cremig rühren. Ei und Milch einarbeiten. Nach und nach Mehl und Kakao einsieben und unterrühren. Dann die gesamte Mischung mit den Händen zu einem glatten Teig verarbeiten.

3 Den Teig 6 mm dick ausrollen und mit einem runden Förmchen (etwa 5 cm Ø) so viele Kekse wie möglich daraus ausstechen. Die Reste verkneten, erneut ausrollen und weitere Kekse daraus ausstechen.

4 Die Kekse auf die vorbereiteten Backbleche legen und 10–12 Minuten im Ofen goldbraun backen.

5 Die fertigen Kekse einige Minuten auf den Blechen ruhen lassen, dann auf einem Kuchengitter auskühlen lassen.

6 Für die Glasur Puderzucker und Orangensaft in eine kleine Schüssel geben und zu einer dickflüssigen Creme verrühren. Die Creme auf die Kekse streichen und fest werden lassen. Anschließend die Kekse mit der geschmolzenen Schokolade besprenkeln und auch diese vor dem Servieren fest werden lassen.

Schoko-Nuss-Cookies

Ergibt etwa 30 Stück

Zutaten

- 225 g weiche Butter
- 140 g Zucker
- 1 Eigelb, leicht verquirlt
- 10 Tropfen Vanillearoma
- 225 g Mehl
- 50 g Kakao
- 1 Prise Salz
- 50 g gemahlene Haselnüsse
- 50 g Zartbitter-Schokotropfen
- 4 EL Nuss-Nougat-Creme

1 Den Backofen auf 190 °C vorheizen. Zwei Backbleche mit Backpapier auslegen.

2 Butter und Zucker in einer Schüssel mit einem Schneebesen cremig rühren, dann Eigelb und Vanillearoma zugeben. Mehl mit Kakao und Salz darübersieben. Nüsse zufügen und mit einem Holzlöffel unterrühren, bis alle Zutaten gut miteinander vermischt sind.

3 Aus dem Teig esslöffelgroße Portionen abstechen und mit den Händen zu Kugeln formen. Mit ausreichendem Abstand auf die vorbereiteten Backbleche setzen. Mit dem angefeuchteten Stiel eines Holzlöffels eine Mulde in die Mitte jeder Kugel drücken.

4 Die Cookies 12–15 Minuten im Ofen backen. Zum Abkühlen 5–10 Minuten auf den Blechen lassen. Anschließend mit einem Palettenmesser vorsichtig auf Kuchengitter setzen und vollständig auskühlen lassen. Wenn das Gebäck kalt ist, die Mulden mit den Schokotropfen und der Nuss-Nougat-Creme füllen.

Pekannuss-Plätzchen mit Ahornsirup

Ergibt 18 Stück

Zutaten

- 125 g weiche Butter, plus etwas mehr zum Einfetten
- 90 g Pekannüsse
- 2 EL Ahornsirup
- 90 g heller Muskovado-Zucker
- 1 Eigelb (Größe L), leicht verquirlt
- 125 g Mehl
- 1 TL Backpulver

1 Den Backofen auf 190 °C vorheizen. Zwei Backbleche leicht einfetten. 18 Pekannusshälften zum Dekorieren beiseitelegen, den Rest grob hacken.

2 Butter, Ahornsirup und Zucker in einer Schüssel mit einem Holzlöffel zu einer luftigen Masse aufschlagen. Das Eigelb dazugeben und verschlagen. Mehl und Backpulver einsieben und die gehackten Nüsse zugeben. Alles zu einem festen Teig verrühren.

3 Vom Teig 18 Portionen abstechen und mit großem Abstand auf die vorbereiteten Backbleche geben. Jede Portion mit einer Pekannusshälfte belegen und diese andrücken.

4 Im Ofen 10–12 Minuten goldbraun backen. Anschließend die Plätzchen auf den Blechen 10 Minuten abkühlen lassen, dann auf Kuchengitter setzen.

Kokos-Cranberry-Cookies

Ergibt etwa 30 Stück

Zutaten

- 225 g weiche Butter
- 140 g Zucker
- 1 Eigelb, leicht verquirlt
- 10 Tropfen Vanillearoma
- 280 g Mehl
- 1 Prise Salz
- 40 g Kokosraspel
- 60 g getrocknete Cranberrys

1 Den Backofen auf 190 °C vorheizen. Zwei Backbleche mit Backpapier auslegen.

2 Butter und Zucker in einer Schüssel mit einem Schneebesen cremig rühren, dann Eigelb und Vanillearoma zugeben. Mehl und Salz darübersieben. Kokosraspel und Cranberrys zufügen und mit einem Holzlöffel unterrühren, bis alle Zutaten gut miteinander vermischt sind. Aus dem Teig esslöffelgroße Portionen abstechen und mit ausreichendem Abstand auf die Backbleche setzen.

3 Die Cookies 12–15 Minuten goldgelb backen. Zum Abkühlen 5–10 Minuten auf den Blechen lassen. Dann mit einem Palettenmesser vorsichtig auf Kuchengitter setzen und vollständig auskühlen lassen.

Sirup-Ingwer-Cookies

Ergibt 30 Stück

Zutaten

- 125 g Butter, plus etwas mehr zum Einfetten
- 350 g Mehl
- 3 TL Backpulver
- 1 Prise Salz
- 200 g Zucker
- 1 EL gemahlener Ingwer
- 1 TL Natron
- 80 g Zuckerrübensirup
- 1 Ei, verquirlt
- 1 TL fein abgeriebene Orangenschale

1 Den Backofen auf 160 °C vorheizen. Zwei Backbleche mit etwas Butter einfetten.

2 Mehl, Backpulver, Salz, Zucker, Ingwer und Natron in eine große Schüssel sieben.

3 Butter und Sirup in einem Topf bei geringer Hitze unter Rühren zerlassen. Vom Herd nehmen und leicht abkühlen lassen. Dann zu der Mehlmischung geben und verrühren.

4 Ei und Orangenschale zufügen und alles zu einem Teig verarbeiten. Den Teig zu 30 gleich großen Kugeln formen.

5 Die Kugeln mit großem Abstand auf die vorbereiteten Backbleche setzen und mit den Fingern leicht flach drücken.

6 Etwa 15–20 Minuten im Ofen backen, dann die Cookies auf Kuchengitter heben und abkühlen lassen.

Florentiner Plätzchen

Ergibt 18 Stück

Zutaten

- 125 g weiche Butter, plus etwas mehr zum Einfetten
- 125 g Zucker
- 1 Ei, verquirlt
- 175 g Mehl
- ½ TL Natron
- 25 g Mandelblättchen, leicht zerdrückt
- 50 g kandierte Kirschen, gehackt
- 50 g gemischte Schalenstückchen (Orange und Zitrone)
- 50 g Sultaninen
- 100 g Zartbitterschokolade, geschmolzen

1 Den Backofen auf 190 °C vorheizen. Zwei Backbleche leicht einfetten.

2 Butter und Zucker in einer großen Schüssel cremig rühren. Das Ei zufügen und gut verschlagen. Mehl und Natron einsieben und alles zu einem weichen Teig verrühren.

3 Mandeln, Kirschen, Schalenstückchen und Sultaninen vermengen. Die Hälfte davon zum Plätzchenteig geben. Vom Teig 18 esslöffelgroße Portionen abstechen und mit großem Abstand auf die vorbereiteten Backbleche geben. Mit der restlichen Frucht-Nuss-Mischung bestreuen.

4 Im Ofen 10–12 Minuten hellgoldbraun backen. 10 Minuten auf den Blechen abkühlen lassen, dann auf ein Kuchengitter setzen.

5 Mit einem Teelöffel die geschmolzene Schokolade über die Plätzchen träufeln. Die Schokolade fest werden lassen.

Gewürzplätzchen

Ergibt etwa 18 Stück

Zutaten

- 175 g Butter, plus etwas mehr zum Einfetten
- 175 g dunkler Muskovado-Zucker
- 225 g Mehl
- 1 Prise Salz
- ½ TL Natron
- 1 TL Zimt
- ½ TL gemahlener Koriander
- ½ TL gemahlene Muskatnuss
- ¼ TL gemahlene Nelken
- 2 EL brauner Rum

1 Den Backofen auf 180 °C vorheizen. Zwei Backbleche leicht einfetten.

2 Butter und Zucker in einer Schüssel cremig rühren.

3 Mehl, Salz, Natron, Zimt, Koriander, Muskatnuss und Nelken in die Buttermischung sieben und alles gut verrühren.

4 Den Rum zugießen und gleichmäßig unterrühren.

5 Mit 2 Teelöffeln etwa 18 kleine Teighäufchen aus der so entstandenen Mischung formen und auf die Backbleche legen. Jeweils 7 cm Abstand zwischen den einzelnen Teighäufchen lassen und diese mit einem Löffel etwas flach drücken.

6 Die Teighäufchen im Ofen 10–12 Minuten goldbraun backen.

7 Die fertigen Plätzchen auf einem Kuchengitter auskühlen lassen.

Walnuss-Mokka-Cookies

Ergibt etwa 30 Stück

Zutaten

- 2 Päckchen Instant-Milchkaffeepulver
- 1 EL heißes Wasser
- 225 g weiche Butter
- 140 g Zucker
- 1 Eigelb, leicht verquirlt
- 280 g Mehl
- 1 Prise Salz
- 100 g Walnüsse, fein gehackt
- Grümmelkandis, zum Dekorieren

1 Den Kaffee in einer Schüssel mit dem Wasser zu einer Paste verrühren. Butter und Zucker in einer Schüssel mit einem Schneebesen cremig rühren, dann Eigelb und Paste zugeben. Mehl und Salz darübersieben, Walnüsse zufügen und mit einem Holzlöffel unterrühren, bis alle Zutaten gut miteinander vermischt sind. Den Teig halbieren, Kugeln daraus formen und in Frischhaltefolie gewickelt 30–60 Minuten im Kühlschrank ruhen lassen.

2 Den Backofen auf 190 °C vorheizen. Zwei Backbleche mit Backpapier auslegen.

3 Den Teig aus der Folie nehmen und zwischen zwei Lagen Backpapier etwa 3 mm dick ausrollen. Mit einem runden Förmchen (6 cm Ø) Kreise ausstechen und mit ausreichendem Abstand auf die vorbereiteten Backbleche legen.

4 Die Oberfläche der Cookies mit etwas Wasser bestreichen, mit dem Kandis bestreuen und 10–12 Minuten im Ofen backen. Zum Abkühlen 5–10 Minuten auf den Blechen lassen. Anschließend mit einem Palettenmesser vorsichtig auf Kuchengitter setzen und vollständig auskühlen lassen.

Rosinen-Haselnuss-Cookies

Ergibt etwa 30 Stück

Zutaten

- 50 g Rosinen, fein gehackt
- 125 ml Orangensaft
- 225 g weiche Butter
- 140 g Zucker
- 1 Eigelb, leicht verquirlt
- 10 Tropfen Vanillearoma
- 225 g Mehl
- 1 Prise Salz
- 50 g Haferflocken
- 50 g Haselnüsse, gehackt
- ca. 30 abgezogene Haselnüsse, zum Dekorieren

1 Den Backofen auf 190 °C vorheizen. Zwei Backbleche mit Backpapier auslegen. Die Rosinen in einer Schüssel mit Orangensaft übergießen und 10 Minuten zugedeckt ziehen lassen.

2 Butter und Zucker in einer Schüssel mit einem Schneebesen cremig rühren, dann Eigelb und Vanillearoma zugeben. Mehl und Salz darübersieben. Haferflocken und Nüsse zufügen, Rosinen abtropfen lassen und mit einem Holzlöffel unterrühren, bis alle Zutaten gut miteinander vermischt sind.

3 Aus dem Teig esslöffelgroße Portionen abstechen und mit ausreichendem Abstand auf die vorbereiteten Backbleche setzen. Die Kugeln leicht flach drücken und eine ganze Nuss in die Mitte von jedem Cookie setzen.

4 Die Cookies 12–15 Minuten im Ofen goldbraun backen. Zum Abkühlen 5–10 Minuten auf den Blechen lassen. Dann mit einem Palettenmesser vorsichtig auf Kuchengitter setzen und vollständig auskühlen lassen.

Schokoladen-Zitronen-Wirbel

Ergibt 40 Stück

Zutaten

- 175 g weiche Butter, plus etwas mehr zum Einfetten
- 350 g Mehl, plus etwas mehr zum Bestäuben
- 250 g Zucker
- 1 Ei, verquirlt
- 25 g Zartbitterschokolade, geschmolzen und leicht abgekühlt
- abgeriebene Schale von 1 Zitrone

1 Mehrere Backbleche leicht einfetten und mit Mehl bestäuben.

2 Butter und Zucker mit einem Schneebesen in einer großen Schüssel cremig rühren.

3 Nach und nach das Ei zugeben und jeweils gut unterrühren.

4 Das Mehl in diese Mischung sieben und alles zu einem weichen Teig verarbeiten.

5 Die Hälfte des Teigs in eine zweite Schüssel geben und gut mit der geschmolzenen Schokolade verrühren.

6 Die Zitronenschale unter die andere Teighälfte mengen.

7 Beide Teige auf einer leicht bemehlten Arbeitsfläche zu 2 gleich großen Rechtecken ausrollen.

8 Den Zitronenteig auf den Schokoladenteig legen, dann beide Teige auf Backpapier setzen und mithilfe des Papiers zu einem Strang rollen. Diesen in den Kühlschrank legen und auskühlen lassen.

9 Den Backofen auf 190 °C vorheizen. Den ausgekühlten Strang in 40 gleich dicke Scheiben schneiden. Die Scheiben auf die vorbereiteten Backbleche legen und 10–12 Minuten im Ofen goldbraun backen. Vor dem Servieren auf einem Kuchengitter vollständig auskühlen lassen.

Pistazien-Marshmallow-Gebäck

Ergibt etwa 30 Stück

Zutaten

- 225 g weiche Butter
- 140 g Zucker mit Rosenöl aromatisiert
- 1 Eigelb, leicht verquirlt
- 5 Tropfen Bittermandelaroma
- 280 g Mehl
- 1 Prise Salz
- 100 g Pistazien, gehackt
- 175 g weiße Mini-Marshmallows, waagerecht halbiert
- 25–50 g Kokosraspel

1 Butter und Zucker in einer Schüssel mit einem Schneebesen cremig rühren, dann Eigelb und Bittermandelaroma zugeben. Mehl und Salz darübersieben, Pistazien zufügen und mit einem Holzlöffel unterrühren, bis alle Zutaten gut miteinander vermischt sind. Den Teig halbieren, Kugeln formen und in Frischhaltefolie gewickelt 30–60 Minuten in den Kühlschrank stellen.

2 Den Backofen auf 190 °C vorheizen. Zwei Backbleche mit Backpapier auslegen.

3 Den Teig aus der Folie nehmen und zwischen zwei Lagen Backpapier ausrollen. Mit einem scharfen Messer in 6 cm x 6 cm große Quadrate schneiden und auf die Backbleche legen.

4 Die Quadrate 12–15 Minuten goldgelb backen und aus dem Ofen nehmen. Die Oberflächen mit den Marshmallows belegen, mit Wasser bestreichen und Kokosraspel darüberstreuen. Für 30 Sekunden erneut in den Ofen geben, bis die Marshmallows weich sind. Das Gebäck zum Abkühlen 5–10 Minuten auf den Blechen lassen. Dann mit einem Palettenmesser vorsichtig auf Kuchengitter setzen und vollständig auskühlen lassen.

Sandwich-Cookies mit Schokolade & Orange

Ergibt etwa 15 Stück

Zutaten

- 225 g weiche Butter
- 140 g Zucker
- 2 TL fein abgeriebene Orangenschale
- 1 Eigelb, leicht verquirlt
- 10 Tropfen Vanillearoma
- 250 g Mehl
- 25 g Kakao
- 1 Prise Salz
- 100 g Zartbitterschokolade, fein gehackt

FÜLLUNG

- 125 g Crème double
- 200 g weiße Schokolade, in Stücken
- 5 Tropfen Orangenaroma

1 Den Backofen auf 190 °C vorheizen. Zwei Backbleche mit Backpapier auslegen.

2 Butter, Zucker und Orangenschale in einer Schüssel mit einem Schneebesen cremig rühren, dann Eigelb und Vanillearoma zugeben. Mehl, Kakao und Salz darübersieben. Schokolade zufügen und mit einem Holzlöffel unterrühren, bis alle Zutaten gut miteinander vermischt sind.

3 Aus dem Teig esslöffelgroße Portionen abstechen und zu Kugeln formen. Mit ausreichendem Abstand auf die Backbleche setzen. Die Kugeln flach drücken und mit einem Löffelrücken glätten.

4 Die Cookies 10–15 Minuten im Ofen hellgoldbraun backen. Zum Abkühlen 5–10 Minuten auf den Blechen lassen. Dann mit einem Palettenmesser vorsichtig auf Kuchengitter setzen und vollständig auskühlen lassen.

5 Für die Füllung Crème double in einem kleinen Topf kurz aufkochen, dann vom Herd nehmen. Schokolade zugeben und so lange rühren, bis die Masse glatt ist. Zum Schluss mit dem Orangenaroma aromatisieren. Wenn die Creme vollständig abgekühlt ist, je zwei Cookies damit zusammensetzen.

Doppeldecker mit Nüssen & Honig

Ergibt etwa 15 Stück

Zutaten

- 225 g weiche Butter
- 140 g Zucker
- 1 Eigelb, leicht verquirlt
- 10 Tropfen Vanillearoma
- 280 g Mehl
- 1 Prise Salz
- 40 g ungesalzene Macadamianüsse, Cashew- oder Pinienkerne, fein gehackt

FÜLLUNG

- 80 g Butter
- 90 g Puderzucker
- 90 g Kleehonig oder ein anderer fester Honig

1 Den Backofen auf 190 °C vorheizen. Zwei Backbleche mit Backpapier auslegen.

2 Butter und Zucker in einer Schüssel mit einem Schneebesen cremig rühren, dann Eigelb und Vanillearoma zugeben. Mehl und Salz darübersieben und mit einem Holzlöffel unterrühren, bis alle Zutaten gut miteinander vermischt sind.

3 Aus dem Teig esslöffelgroße Portionen abstechen und zu Kugeln formen. Die Hälfte davon mit ausreichendem Abstand auf eines der Backbleche setzen und etwas flach drücken. Die Nüsse in einen tiefen Teller geben und eine Seite der übrigen Teigkugeln darin wälzen. Mit der Nussseite nach oben auf das zweite Blech setzen und etwas abflachen.

4 Die Plätzchen 10–15 Minuten im Ofen hellgoldbraun backen. Zum Abkühlen 5–10 Minuten auf den Blechen lassen. Dann mit einem Palettenmesser vorsichtig auf Kuchengitter setzen und vollständig auskühlen lassen.

5 Für die Füllung Butter mit Puderzucker und Honig zu einer Paste verrühren. Die erste Hälfte der Plätzchen damit bestreichen und die Nussplätzchen daraufsetzen.

4

Tartes & feines Gebäck

In diesem Kapitel finden Sie eine Auswahl an bewährten Familienrezepten sowie verlockende neue Ideen. Dem Duft und Aroma im Ofen gebackener Äpfel und einer verführerischen Schokoladenfüllung kann wohl niemand widerstehen. Auch ungeübte Bäcker werden problemlos mit gelungenen Köstlichkeiten verblüffen können.

Zitronentarte mit Baiserhaube

Für 4 Personen

Zutaten

- 150 g Mehl, plus etwas mehr zum Bestäuben
- 90 g Butter, gewürfelt, plus etwas mehr zum Einfetten
- 40 g Puderzucker, gesiebt
- fein abgeriebene Schale von ½ Zitrone
- ½ Eigelb, verquirlt
- 1½ EL Milch

FÜLLUNG

- 3 EL Stärke
- 300 ml kaltes Wasser
- Saft und abgeriebene Schale von 2 Zitronen
- 175 g Zucker
- 2 Eier, getrennt

1 Mehl und Butter in eine Schüssel geben und mit den Fingern fein krümelig reiben. Puderzucker, Zitronenschale, Eigelb und Milch zufügen und zu einem glatten Teig verarbeiten. Abdecken und 30 Minuten im Kühlschrank ruhen lassen.

2 Den Backofen auf 180 °C vorheizen. Eine Tarteform (20 cm Ø) mit etwas Butter einfetten. Den Teig 5 mm dünn ausrollen und die Form damit auslegen. Mit einer Gabel mehrmals einstechen, dann mit Backpapier auslegen und mit Backbohnen beschweren. Etwa 15 Minuten im Ofen blindbacken. Aus dem Ofen nehmen, Backbohnen und Backpapier entfernen und die Ofentemperatur auf 150 °C reduzieren.

3 Für die Füllung die Stärke mit einigen Tropfen Wasser zu einer glatten Paste verrühren. Das restliche Wasser in einen Topf geben. Zitronensaft und -schale sowie Stärkepaste einrühren und zum Kochen bringen.

4 Alles 2 Minuten köcheln lassen, dann vom Herd nehmen und leicht abkühlen lassen. 5 Esslöffel Zucker und das Eigelb einrühren und auf dem Teigboden verteilen.

5 Das Eiweiß mit dem restlichen Zucker steif schlagen. Das Eiweiß gleichmäßig auf der Füllung verteilen. Etwa 40 Minuten backen, bis die Baiserhaube eine goldbraune Farbe angenommen hat. Aus dem Ofen nehmen, abkühlen lassen und dann servieren.

Englischer Apfelkuchen

Für 6 Personen

Zutaten

- 175 g Mehl
- 1 Prise Salz
- 90 g Butter oder Margarine, in kleinen Stücken
- 90 g Schweineschmalz oder Pflanzenfett, in kleinen Stücken
- etwa 1–2 EL kaltes Wasser
- 1 verquirltes Ei oder etwas Milch, zum Glasieren

FÜLLUNG

- 750 g–1 kg Kochäpfel, geschält, entkernt und in Scheiben
- 125 g brauner Zucker, plus etwas mehr zum Bestreuen
- ½ –1 TL Zimt, Piment oder Ingwer

1 Mehl, Salz, Butter und Schmalz in einer Schüssel mit den Fingern fein krümelig reiben. Das Wasser zugeben und die Zutaten rasch zu einem Teig kneten. Den Teig zu einer Kugel formen, in Frischhaltefolie einwickeln und 30 Minuten im Kühlschrank ruhen lassen.

2 Den Backofen auf 220 °C vorheizen. Zwei Drittel des Teigs dünn ausrollen und eine flache, runde Auflaufform (24 cm Ø) damit auskleiden.

3 Apfelscheiben, Zucker und Gewürze mischen und in der Teigform verteilen.

4 Den restlichen Teig zu einem kreisrunden Deckel ausrollen. Die Teigränder mit Wasser anfeuchten. Den Deckel auf die Füllung setzen und die Teigränder fest andrücken. Überstehenden Teig sauber abschneiden.

5 Aus den Teigresten Blätter schneiden, mit Wasser anfeuchten und auf den Teigdeckel kleben. Mit Ei oder Milch bestreichen und 1–2 Schlitze hineinstechen. Die Form auf ein Backblech setzen.

6 Den Kuchen 20 Minuten im Ofen backen. Die Ofentemperatur auf 180 °C reduzieren und weitere 30 Minuten backen, bis der Teigdeckel goldbraun ist. Mit Zucker bestreuen und warm oder kalt servieren.

Süßer Kürbiskuchen

Für 4 Personen

Zutaten

FÜLLUNG

- 1,8 kg süßer Kürbis
- 400 ml Kondensmilch
- 2 Eier
- 1 TL Salz
- 2–3 Tropfen Vanillearoma
- 1 EL Demerara-Zucker

TEIG

- 50 g kalte Butter, plus etwas mehr zum Einfetten
- 140 g Mehl, plus etwas mehr zum Bestäuben
- ¼ TL Backpulver
- 1½ TL Zimt
- ¾ TL geriebene Muskatnuss
- ¾ TL gemahlene Nelken
- 50 g Zucker
- 1 Ei, verquirlt

BELAG

- 2 EL Mehl
- 4 EL Demerara-Zucker
- 1 EL Zimt
- 25 g kalte Butter, gewürfelt
- 90 g Pekannüsse, gehackt
- 70 g Walnüsse, gehackt

1 Den Backofen auf 190 °C vorheizen. Den Kürbis vierteln und die Kerne, den Stiel sowie das faserige Innere entfernen. Die Kürbisviertel mit den Schnittflächen nach unten in einen flachen Bräter legen und mit Alufolie abdecken. 1½ Stunden backen, dann abkühlen lassen. Das Fleisch aus der Schale schaben und pürieren. Austretende Flüssigkeit abgießen. Mit Frischhaltefolie abdecken und bis zur weiteren Verarbeitung in den Kühlschrank stellen.

2 Für den Teig eine runde Auflaufform (23 cm Ø) mit Butter einfetten. Mehl und Backpulver in eine große Schüssel sieben, Gewürze und Zucker unterrühren. Die Butter zugeben und mit den Fingern in der Mehlmischung verreiben, bis eine krümelige Masse entsteht. Eine Vertiefung in die Mitte drücken und das Ei hineingeben. Alles vermengen, dann zu einer Kugel formen. Auf einer leicht bemehlten Arbeitsfläche ausrollen. Die Form mit dem Teig auslegen und den Rand gerade schneiden. Die Form mit Frischhaltefolie abdecken und 30 Minuten in den Kühlschrank stellen.

3 Den Backofen auf 220 °C vorheizen. Das Kürbispüree in einer Schüssel mit Kondensmilch und Eiern verrühren. Salz, Vanillearoma und Zucker unterrühren. Die Masse auf dem Teig verteilen und 15 Minuten im Ofen backen.

4 Für den Belag Mehl, Zucker und Zimt in einer Schüssel vermischen. Die Butter einarbeiten, bis eine krümelige Masse entsteht. Die Nüsse untermischen. Den Kuchen aus dem Ofen nehmen und die Ofentemperatur auf 180 °C reduzieren. Den Streuselbelag auf dem Kuchen verteilen und 35 Minuten im Ofen überbacken. Heiß oder kalt servieren.

Knuspriger Schokoladenkuchen

Für 6 Personen

Zutaten

- Butter, zum Einfetten
- 2 Eiweiß
- 100 g gemahlene Mandeln
- 50 g Reismehl
- 125 g Zucker
- 2 Tropfen Bittermandelaroma

FÜLLUNG

- 225 g Zartbitterschokolade, in kleinen Stücken
- 4 Eigelb
- 4 EL Puderzucker
- 4 EL Whisky
- 4 EL Crème double

ZUM GARNIEREN

- geschlagene Sahne
- 50 g Zartbitterschokolade, gerieben

1 Den Backofen auf 160 °C vorheizen. Eine Tortenbodenform (20 cm Ø) einfetten und mit Backpapier auslegen. Das Eiweiß sehr steif schlagen und vorsichtig Mandeln, Reismehl, Zucker und Bittermandelaroma unterheben. Die Mischung auf dem Boden und an den Seiten der Backform verstreichen. 15 Minuten im Ofen backen.

2 In der Zwischenzeit die Schokolade im Wasserbad schmelzen. Vom Herd nehmen und die Schokolade leicht abkühlen lassen. Dann Eigelb, Puderzucker, Whisky und Crème double zugeben und sorgfältig verrühren.

3 Den Kuchenboden aus dem Ofen nehmen und die Schokoladenmasse darauf verteilen. Mit Alufolie abdecken und weitere 20–25 Minuten backen, bis die Masse etwas fest geworden ist. Aus dem Ofen nehmen und abkühlen lassen.

4 Mit etwas geschlagener Sahne und Schokoladenspänen garnieren und dann sofort servieren.

Schokoladen-Nuss-Kuchen

Für 12–14 Personen

Zutaten

- 90 g Butter, zerlassen, plus etwas mehr zum Einfetten
- 140 g Butterkekse
- 90 g Pekannüsse, fein gehackt
- 1 EL brauner Zucker
- ½ TL Zimt

FÜLLUNG

- 225 g Butter oder Margarine
- 175 g Zartbitterschokolade, gehackt
- 125 g Zuckerrübensirup
- 4 Eier (Größe L), verquirlt
- 90 g Pekannüsse, fein gehackt

1 Den Backofen auf 180 °C vorheizen. Eine Springform (23 cm Ø) mit etwas Butter einfetten.

2 Butterkekse, Pekannüsse, Zucker und Zimt in die Küchenmaschine geben und grob hacken. Die zerlassene Butter zufügen und alles gut mischen.

3 Die Mischung auf dem Boden und etwa 4 cm hoch am Rand der Form andrücken. Mit Frischhaltefolie abdecken und in den Kühlschrank stellen.

4 In der Zwischenzeit für die Füllung Butter, Schokolade und Sirup in einem Topf bei geringer Hitze unter Rühren schmelzen. Abkühlen lassen, dann Eier und Pekannüsse unterrühren.

5 Die Füllung auf den Boden geben und glatt streichen. Etwa 30 Minuten im Ofen backen, bis die Oberfläche fest ist und der Kuchen beim Andrücken leicht nachgibt. Den Kuchen auf ein Kuchengitter heben und abkühlen lassen. Sofort oder gekühlt servieren.

Riemchen-Kirschkuchen

Für 8 Personen

Zutaten

- 140 g Mehl, plus etwas mehr zum Bestäuben
- ¼ TL Backpulver
- ½ TL Lebkuchengewürz
- ½ TL Salz
- 50 g Zucker
- 50 g kalte Butter, gewürfelt, plus etwas mehr zum Einfetten
- 1 Ei, verquirlt, plus etwas mehr zum Bestreichen

FÜLLUNG

- 900 g entsteinte frische Kirschen oder Kirschen aus dem Glas, abgetropft
- 150 g Zucker
- 3 Tropfen Bittermandelaroma
- 2 TL Kirschlikör
- ¼ TL Lebkuchengewürz
- 2 EL Speisestärke
- 2 EL Wasser
- 25 g Butter, in kleinen Stücken

1 Mehl, Backpulver, Lebkuchengewürz, Salz und Zucker in einer Schüssel verrühren. Die Butter zufügen und vermischen. Das Ei zugeben und alles zu einem festen Teig vermengen. Den Teig halbieren und zu Kugeln formen. Diese in Frischhaltefolie einschlagen und 30 Minuten im Kühlschrank ruhen lassen.

2 Den Backofen auf 220 °C vorheizen. Eine Tarteform (23 cm Ø) mit etwas Butter einfetten. Die Teigkugeln zu 2 Kreisen (30 cm Ø) ausrollen. Mit einem Teigkreis die Form auslegen.

3 Für die Füllung die Hälfte der Kirschen und den Zucker in einem Topf zum Kochen bringen und 5 Minuten köcheln lassen. Bittermandelaroma, Kirschlikör und Lebkuchengewürz unterrühren. Speisestärke und Wasser in einer Schüssel glatt rühren, in den Topf geben und verrühren. Unter ständigem Rühren köcheln lassen, bis die Masse andickt. Vom Herd nehmen und leicht abkühlen lassen. Die restlichen Kirschen unterrühren und die Mischung auf dem Tarteboden verteilen. Mit den Butterstücken belegen.

4 Den zweiten Teigkreis in etwa 1 cm breite Streifen schneiden. Je 5 Streifen mit Abstand nebeneinander auf die Kirschfüllung legen. Dann 6 Streifen kreuzweise darüberlegen, dabei unter jedem zweiten Streifen hindurchfädeln, um ein Gitter zu bilden. Die Enden abschneiden, mit etwas Wasser befeuchten und an den Rand drücken. Das Teiggitter und den Rand mit etwas Ei bestreichen. Mit Alufolie abdecken und 30 Minuten im Ofen backen. Die Alufolie entfernen und weitere 15 Minuten goldbraun backen.

Pekannusstarte

Für 8 Personen

Zutaten

- 200 g Mehl, plus etwas mehr zum Bestäuben
- 125 g Butter
- 2 EL Zucker

FÜLLUNG

- 70 g Butter
- 100 g heller Muskovado-Zucker
- 140 g Zuckerrübensirup
- 2 Eier (Größe L), verquirlt
- 5 Tropfen Vanillearoma
- 120 g Pekannüsse

1 Mehl und Butter in eine große Schüssel geben und mit den Fingern krümelig verreiben. Zucker und so viel kaltes Wasser zufügen, bis ein fester Teig entsteht. Den Teig zu einer Kugel formen, in Frischhaltefolie wickeln und 15 Minuten im Kühlschrank ruhen lassen.

2 Den Backofen auf 200 °C vorheizen. Eine Tarteform (23 cm Ø) mit etwas Butter einfetten. Den Teig auf einer leicht bemehlten Arbeitsfläche ausrollen und die Form damit auskleiden. Den Teig mehrfach mit einer Gabel einstechen, in den Kühlschrank stellen und 15 Minuten ruhen lassen.

3 Den Teigboden mit Backpapier auslegen, mit Backbohnen beschweren und 10 Minuten im Ofen blindbacken. Backbohnen und Backpapier entfernen und den Boden weitere 5 Minuten backen. Die Ofentemperatur auf 180 °C reduzieren.

4 Für die Füllung Butter, Zucker und Sirup in einem Topf bei geringer Hitze zerlassen. Vom Herd nehmen und schnell Eier und Vanillearoma unterheben.

5 Die Pekannüsse grob hacken und unter die Füllung rühren. Die Mischung auf dem Tarteboden verteilen und glatt streichen. Etwa 35–40 Minuten im Ofen backen, bis die Oberfläche der Tarte fest ist. Aus dem Ofen nehmen und warm oder kalt servieren.

Aprikosen-Preiselbeer-Kuchen

Für 8–10 Personen

Zutaten
- 150 g Mehl
- 125 g Zucker
- 125 g Butter, in kleinen Stücken
- 1 EL Wasser

FÜLLUNG
- 200 g Butter
- 200 g Zucker
- 1 Ei
- 2 Eigelb
- 40 g Mehl, gesiebt
- 175 g gemahlene Mandeln
- 4 EL Crème double
- 400 g Aprikosenhälften aus der Dose, abgetropft
- 125 g frische Preiselbeeren

1 Mehl und Zucker in eine große Schüssel geben. Die Butter mit den Fingern in der Mischung verreiben. Wasser zufügen und alles zu einem weichen Teig verarbeiten. Den Teig in Frischhaltefolie wickeln und für 30 Minuten in den Kühlschrank stellen.

2 Den Backofen auf 190 °C vorheizen. Den Teig in eine Springform (24 cm Ø) einpassen. Mit einer Gabel einstechen und erneut 30 Minuten kalt stellen.

3 Den Teigboden mit Backpapier auslegen, mit Backbohnen beschweren und 15 Minuten im Ofen blindbacken. Backbohnen und Backpapier entfernen und den Teig weitere 10 Minuten backen.

4 Butter und Zucker cremig rühren. Ei und Eigelb zugeben, dann Mehl, Mandeln und Crème double einrühren.

5 Aprikosen und Preiselbeeren auf dem Teig verteilen. Die Eimischung mit einem Löffel darübergeben.

6 Alles 1 Stunde backen, bis die Füllung stockt. Kurz abkühlen lassen und warm oder kalt servieren.

Kokostorte

Für 8 Personen

Zutaten

- 1 fertiger Tortenboden (23 cm Ø)

FÜLLUNG

- 2 Eier
- abgeriebene Schale und Saft von 2 Zitronen
- 200 g brauner Rohrohrzucker
- 375 g Crème double
- 250 g feine Kokosraspel

1 Den Backofen auf 180 °C vorheizen. Für die Füllung Eier, Zitronenschale und Zucker in einer Schüssel 1 Minute mit dem Handmixer schlagen.

2 Vorsichtig die Crème double, dann den Zitronensaft und die Kokosraspel einrühren.

3 Die Mischung auf dem Tortenboden verteilen und glatt streichen. 40 Minuten im Ofen backen, bis die Füllung fest und goldbraun ist. Etwa 1 Stunde abkühlen lassen und bei Raumtemperatur servieren.

Pflaumen-Streusel-Tarte

Für 8–10 Personen

Zutaten

- 100 g Butter, plus etwas mehr zum Einfetten
- 175 g Mehl
- 1 EL Maismehl
- ½ TL Backpulver
- 40 g Haselnüsse, fein gehackt
- 40 g Zucker
- 2–3 EL Milch

FÜLLUNG

- 400 g reife Pflaumen
- 1 EL Maismehl
- 3 EL Zucker
- fein abgeriebene Schale von 1 Orange
- Crème fraîche oder griechischer Joghurt, zum Servieren

1 Den Backofen mitsamt einem Backblech auf 180 °C vorheizen. Eine Tarteform (20 cm Ø) einfetten.

2 Mehl, Maismehl und Backpulver in eine große Schüssel sieben. Die Butter mit den Fingern in der Mehlmischung verreiben. Nüsse und Zucker mit etwas Milch zugeben und unterrühren, sodass sich die Zutaten verbinden.

3 Ein Viertel der Mischung abnehmen, abdecken und in den Kühlschrank stellen. Den restlichen Teig vorsichtig verkneten. Den Boden und die Seiten der Form damit auslegen, dabei den Teig gut andrücken.

4 Für die Füllung die Pflaumen entsteinen und vierteln, die Viertel in Maismehl, Zucker und Orangenschale wälzen. Den Teig mit den Pflaumen belegen.

5 Den restlichen Teig aus dem Kühlschrank nehmen und mit den Fingerspitzen als Streusel auf den Pflaumen verteilen.

6 Die Tarte auf das heiße Backblech in den Ofen stellen und 40–45 Minuten backen. Der Teig sollte leicht gebräunt sein. Die Tarte mit Crème fraîche oder Joghurt servieren.

Zitronen-Passionsfrucht-Tarte

Für 8 Personen

Zutaten

- 200 g Mehl
- 1 Prise Salz
- 125 g kalte Butter, gewürfelt
- 25 g Puderzucker
- 1 Eigelb, mit 2 EL eiskaltem Wasser verquirlt

FÜLLUNG

- 4 Passionsfrüchte
- Saft und abgeriebene Schale von 1 Zitrone
- 150 g Crème double
- 4 EL Crème fraîche
- 90 g Zucker
- 2 Eier, plus 2 Eigelb

ZUM SERVIEREN

- Puderzucker, zum Bestäuben
- Crème fraîche
- Kerne und Fruchtfleisch von 1 Passionsfrucht

1 Das Mehl mit dem Salz in eine Schüssel sieben. Die Butter mit den Fingern in der Mehlmischung verreiben, bis feine Streusel entstehen. Puderzucker und Eigelb zugeben und alles zu einem Teig verrühren. Den Teig auf einer leicht bemehlten Arbeitsfläche leicht verkneten. In Frischhaltefolie wickeln und 20 Minuten kalt stellen.

2 Den Backofen mitsamt Backblech auf 200 °C vorheizen. Den Teig auf einer leicht bemehlten Arbeitsfläche ausrollen und eine Tarteform (23 cm Ø mit Hebeboden) damit auslegen. 20 Minuten kalt stellen.

3 Den Teigboden mit einer Gabel mehrmals einstechen. Dann mit Backpapier auslegen, mit Backbohnen beschweren und 10 Minuten im Ofen blindbacken. Backbohnen und Backpapier entfernen und den Boden weitere 5 Minuten backen. Die Ofentemperatur auf 180 °C reduzieren.

4 Für die Füllung die Passionsfrüchte halbieren. Die Kerne und das Fruchtfleisch in ein feines Sieb geben, dabei den Saft in einem Krug auffangen. Ein Viertel der Kerne und des Fruchtfleischs abnehmen und zum Servieren beiseitestellen. Das restliche Fleisch über dem Krug mit einem Löffel ausdrücken, bis etwa 75 ml Saft aufgefangen sind.

5 In einer großen Schüssel Passionsfruchtsaft, Zitronenschale und -saft, Crème double, Crème fraîche, Zucker, Eier und Eigelb verquirlen, bis eine glatte Masse entsteht. Anschließend die Mischung auf den Teig gießen.

6 Im Ofen 30–35 Minuten backen, bis die Füllung fest geworden ist. Vollständig auskühlen lassen, dann in Stücke schneiden, mit Puderzucker bestäuben und jedes Stück mit etwas Fruchtfleisch und -saft sowie einem Löffel Crème fraîche servieren.

Birnen-Pekannuss-Strudel

Für 4 Personen

Zutaten

- 2 reife Birnen
- 50 g Butter
- 50 g frische weiße Semmelbrösel
- 50 g Pekannüsse, gehackt
- 30 g heller Muskovado-Zucker
- fein abgeriebene Schale von 1 Orange
- 100 g Filo-Teig, Tiefkühlware, aufgetaut
- 100 g Orangenblütenhonig
- 2 EL Orangensaft
- Puderzucker, zum Bestäuben
- Naturjoghurt, zum Servieren (nach Belieben)

1 Den Backofen auf 200 °C vorheizen. Die Birnen schälen und in kleine Stücke schneiden. Einen Esslöffel Butter in einer kleinen Pfanne zerlassen und die Semmelbrösel darin goldbraun rösten. Die Semmelbrösel in eine Schüssel geben und mit Birnenstücken, Nüssen, Zucker und Orangenschale vermengen.

2 Die restliche Butter in einem kleinen Topf zerlassen. Ein Filo-Teigblatt mit einem feuchten Tuch abdecken und beiseitelegen. Die restlichen Teigblätter mit etwas zerlassener Butter bestreichen. Etwas von der Füllung auf dem ersten Teigblatt verteilen, dabei rundum einen 2,5 cm breiten Rand frei lassen. Das zweite Teigblatt darauflegen. Den Vorgang wiederholen, bis Teigblätter und Füllung aufgebraucht sind. Die letzte Schicht mit Honig und Orangensaft beträufeln.

3 Die Ränder der kurzen Seiten einschlagen und den Strudel von der Längsseite her aufrollen. Den Strudel mit der Naht nach oben auf ein Backblech heben und mit der restlichen Butter bestreichen. Das zurückgelegte Teigblatt kräuseln und um den Strudel schlagen. Im Ofen 25 Minuten goldbraun und knusprig backen. Mit Puderzucker bestäuben und warm servieren. Nach Belieben Naturjoghurt dazureichen.

Apfelstrudel mit Cidre-Sauce

Für 2–4 Personen

Zutaten

- 8 Tafeläpfel
- 1 TL Zitronensaft
- 120 g Sultaninen
- 1 TL Zimt
- ½ TL frisch geriebene Muskatnuss
- 1 EL brauner Zucker
- 6 Blätter Filo-Teig, Tiefkühlware aufgetaut
- Pflanzenöl-Spray
- Puderzucker, zum Bestäuben

SAUCE

- 1 EL Speisestärke
- 450 ml trockener Cidre

1 Den Backofen auf 190 °C vorheizen. Ein Backblech mit Backpapier auslegen.

2 Die Äpfel schälen, entkernen und in 1 cm große Würfel schneiden. In einer Schüssel mit Zitronensaft, Sultaninen, Zimt, Muskatnuss und Zucker vermengen.

3 Auf die Arbeitsfläche 1 Teigblatt legen und mit Öl besprühen. Ein zweites Teigblatt darauflegen, besprühen und mit einem weiteren Blatt bedecken. Die Hälfte der Apfelfüllung darauf verteilen und von einem langen Ende her aufrollen. Zum Schluss die offenen Seiten einschlagen. Auf dieselbe Art einen zweiten Strudel herstellen. Beide Strudel vorsichtig auf das Blech legen, mit Öl besprühen und 15–20 Minuten im Ofen backen.

4 Für die Sauce die Speisestärke in einem Topf in etwas Cidre auflösen. Den restlichen Cidre zugießen und unter Rühren langsam erhitzen, bis die Flüssigkeit kocht und eindickt. Den Strudel mit Puderzucker bestäuben und warm oder kalt servieren. Dazu die Cidre-Sauce reichen.

Sahne-Blätterteigbrezeln

Ergibt 8 Stück

Zutaten

- 225 g fertiger Blätterteig
- 40 g Kristallzucker
- 150 g Crème double
- 1 EL Puderzucker, gesiebt
- einige Tropfen Vanillearoma
- 2 EL Erdbeerkonfitüre

1 Den Backofen auf 220 °C vorheizen. Die Arbeitsfläche mit der Hälfte des Zuckers bestreuen und den Blätterteig darauf zu einem Rechteck (25 cm x 30 cm) ausrollen.

2 Den restlichen Zucker auf den Teig streuen. Vorsichtig mit einem Nudelholz darüberfahren. Den Teig von den beiden kurzen Seiten aus zur Mitte hin falten, sodass die beiden Außenkanten einander berühren. Die Kanten befeuchten und vorsichtig aufeinanderpressen. Quer in 16 gleich dicke Scheiben schneiden.

3 Mit der geschnittenen Seite auf ein feuchtes Backblech legen. Jede Scheibe mit dem Nudelholz ein wenig flach pressen.

4 Im Ofen 15–18 Minuten backen, dabei einmal wenden, bis die Brezeln von beiden Seiten goldbraun und knusprig sind. Auf einem Kuchengitter auskühlen lassen.

5 Crème double, Puderzucker und Vanillearoma steif schlagen. Je zwei Brezeln mit etwas Creme und Konfitüre zusammenfügen. Innerhalb von 2–3 Stunden servieren.

Schokoladenparfait-Sandwiches

Für 4 Personen

Zutaten

- 3 Eiweiß (Größe L)
- 140 g Zucker
- 140 g geriebene weiße Schokolade
- 400 g Sahne, steif geschlagen
- 350 g fertiger Blätterteig
- 50 g Zartbitterschokolade, geschmolzen

1 Für das Parfait Eiweiß und Zucker in einer ofenfesten Schüssel verschlagen. Die Schüssel dann in ein Wasserbad setzen. Das Wasser sollte nur leicht sieden. Mit einem Handmixer die Mischung steif schlagen. Dieser Vorgang kann bis zu 10 Minuten dauern. Schüssel vom Herd nehmen, die Schokolade zugeben und unter weiterem Rühren erkalten lassen. Die Schlagsahne unterheben.

2 Die Mischung gleichmäßig in einen flachen, rechteckigen Gefrierbehälter streichen und 5–6 Stunden einfrieren.

3 Unterdessen den Backofen auf 180 °C vorheizen. Ein Backblech mit Backpapier auslegen. Den Blätterteig in Stücke schneiden. Jedes Stück sollte genauso groß wie die Schnittfläche eines Parfaitstücks sein. Die Teigrechtecke auf das Backblech legen, darauf eine zweite Lage Backpapier geben. So wird der Blätterteig knusprig, geht aber nicht zu sehr auf. 15 Minuten backen, dann auf ein Kuchengitter setzen und abkühlen lassen.

4 Das Parfait 20 Minuten vor dem Servieren aus dem Tiefkühler nehmen. Wenn es etwas angetaut ist, in Scheiben schneiden und jede Scheibe zwischen zwei Stücke Blätterteig legen und etwas andrücken. Die geschmolzene Schokolade dekorativ über die Sandwiches träufeln.

Früchtebeutel

Für 8 Personen

Zutaten

- 100 g Butter, in kleinen Stücken, plus etwas mehr zum Einfetten
- 175 g Mehl
- 1 EL Wasser
- 1 Ei, getrennt
- zerstoßener Würfelzucker, zum Bestreuen

FÜLLUNG

- 600 g frische küchenfertige Früchte (z. B. Rhabarber, Stachelbeeren oder Pflaumen)
- 75 g brauner Zucker
- 1 EL gemahlener Ingwer

1 Den Backofen auf 200 °C vorheizen. Ein Backblech mit etwas Butter einfetten.

2 Das Mehl in eine Schüssel sieben. Die Butter mit den Fingern darin verreiben. Das Wasser zugeben und alles zu einem weichen Teig verarbeiten. In Frischhaltefolie wickeln und 30 Minuten kalt stellen.

3 Den gekühlten Teig zu einem Kreis (35 cm Ø) ausrollen.

4 Den Kreis auf das Backblech legen und mit dem Eigelb bestreichen.

5 Für die Füllung die Früchte mit Zucker und Ingwer vermengen und die Füllung auf die Teigmitte setzen.

6 Den Teigrand rundum einschlagen. Den Kuchen mit Eiweiß bestreichen und gleichmäßig mit dem zerstoßenen Würfelzucker bestreuen.

7 Den Früchtebeutel 35 Minuten im Ofen goldbraun backen und warm servieren.

New York Cheesecake

Für 10 Personen

Zutaten

- 100 g Butter, plus etwas mehr zum Einfetten
- 150 g Vollkornkekse, fein zerkrümelt
- 1 EL Kristallzucker
- 900 g Frischkäse
- 250 g Zucker
- 2 EL Mehl
- 5 Tropfen Vanillearoma
- fein abgeriebene Schale von 1 Orange
- fein abgeriebene Schale von 1 Zitrone
- 3 Eier
- 2 Eigelb
- 300 g Crème double

1 Den Backofen auf 180 °C vorheizen. Die Butter in einem kleinen Topf bei niedriger Hitze zerlassen. Vom Herd nehmen, die zerkrümelten Kekse und den Kristallzucker zugeben und gründlich verrühren. Die Masse auf dem Boden einer Springform (23 cm Ø) verteilen und fest andrücken. 10 Minuten im Ofen backen. Die Form herausnehmen und auf einem Kuchengitter auskühlen lassen.

2 Die Ofentemperatur auf 200 °C erhöhen. Den Frischkäse in der Küchenmaschine auf niedriger Stufe cremig rühren, dann nach und nach den Zucker und das Mehl zugeben. Die Masse glatt rühren. Die Maschine auf eine höhere Stufe stellen und das Vanillearoma sowie die Zitronen- und Orangenschale einrühren. Eier und Eigelb jeweils einzeln zugeben und unterschlagen. Zuletzt die Crème double einrühren. Während des Rührvorgangs immer wieder den Schüsselrand von Creme befreien und diese zu der Masse geben. Die Käsemasse sollte leicht und luftig sein.

3 Den Rand der Form einfetten und die Käsemasse einfüllen, glatt streichen und 15 Minuten backen. Dann die Hitze auf 100 °C reduzieren und 30 Minuten weiterbacken. Den Ofen ausschalten und den Kuchen darin 2 Stunden auskühlen lassen. Abdecken und über Nacht in den Kühlschrank stellen.

4 Mit einem Messer den Kuchen vom Rand der Form lösen, dann den Rand öffnen und abnehmen. Den Kuchen in Stücke schneiden und servieren.

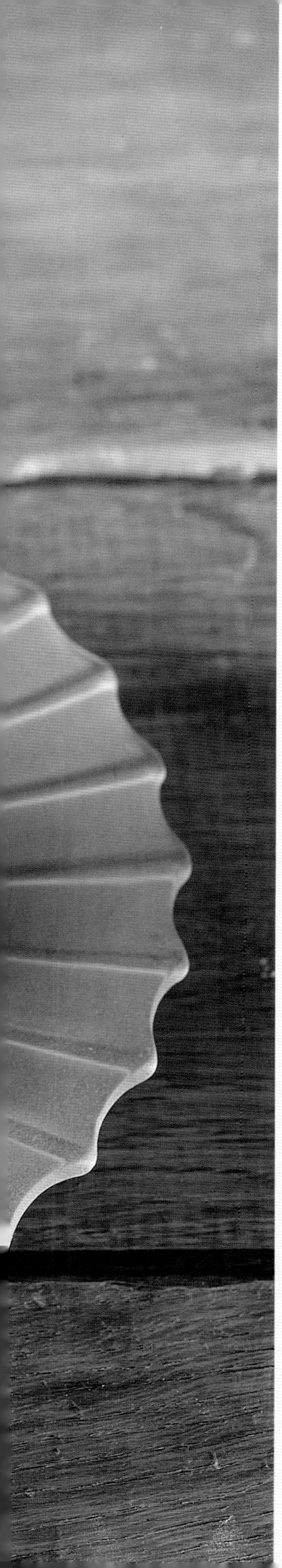

Erdbeer-Eclairs

Ergibt etwa 18 Stück

Zutaten

- 50 g Butter, plus etwas mehr zum Einfetten
- 150 ml Wasser
- 8 EL Mehl
- 2 Eier, verquirlt

FÜLLUNG

- 200 g Erdbeeren
- 2 EL Puderzucker
- 140 g Mascarpone

1 Den Backofen auf 220 °C vorheizen. Zwei Backbleche einfetten. Die Butter mit dem Wasser in einen Topf geben und aufkochen.

2 Den Topf vom Herd nehmen. Sofort das Mehl zugeben und unter Schlagen glatt rühren.

3 Nach und nach die Eier zugeben und mit dem Handmixer unterrühren.

4 Die Masse in einen Spritzbeutel mit großer gerader Tülle füllen. Etwa 18 Streifen (ca. 9 cm lang) auf die Backbleche spritzen.

5 Im Ofen 15–20 Minuten goldbraun backen. In jedes Eclair einen seitlichen Schlitz schneiden, damit Dampf entweichen kann. Noch einmal 2 Minuten backen. Auf einem Kuchengitter auskühlen lassen.

6 Die Hälfte der Erdbeeren mit dem Puderzucker pürieren.

7 Die restlichen Erdbeeren fein hacken und unter den Mascarpone rühren.

8 Die Mascarpone-Mischung in die Eclairs löffeln oder spritzen.

9 Mit dem Erdbeerpüree beträufeln und am besten sofort servieren.

5

Brot & herzhaftes Gebäck

Selbst gebackene Brote sind ein ganz besonderer Genuss. Aus den Grundzutaten Mehl, Hefe, Wasser, Zucker und Salz kann man die köstlichsten Brotlaibe zaubern. Es mag ein wenig Zeit kosten, aber der knusprige, warme und saftige Teig entschädigt dafür allemal. In diesem Kapitel finden Sie aber nicht nur Brote, sondern auch köstliche Pies und Quiches sowie einige herzhafte Muffinrezepte.

Knuspriges Weißbrot

Ergibt 1 mittelgroßes Brot

Zutaten

- 1 Ei
- 1 Eigelb
- lauwarmes Wasser, Menge nach Bedarf
- 500 g Weizenmehl (Type 550 oder 812), plus etwas mehr zum Bestäuben
- 1½ TL Salz
- 2 TL Zucker
- 1 Päckchen Trockenhefe
- 2 EL Butter, gewürfelt
- Öl, zum Einfetten

1 Ei und Eigelb in eine Schüssel geben und leicht verquirlen. Die Masse mit lauwarmem Wasser zu 300 ml auffüllen und gut verrühren.

2 Mehl, Salz, Zucker und Hefe in eine große Schüssel geben. Die Butter zufügen und mit den Fingern in der Mischung verreiben, bis ein krümelige Masse entsteht. In die Mitte eine Mulde drücken, die Eimischung hineingeben und alles zu einem weichen Teig verkneten.

3 Den Teig auf einer leicht bemehlten Arbeitsfläche 10 Minuten kneten, bis er glatt und elastisch ist. Den Teig in eine eingefettete Schüssel geben, mit Frischhaltefolie abdecken und an einem warmen Ort 1 Stunde gehen lassen, bis sich sein Volumen verdoppelt hat.

4 Eine Kastenform mit Öl einfetten. Den Teig erneut 1 Minute durchkneten und auf die Länge und dreimal die Breite der Form ausrollen. Dann von der kurzen Seite aus zweimal falten und mit der Nahtstelle nach unten in die Form legen. Abdecken und an einem warmen Ort weitere 30 Minuten gehen lassen, bis der Teig über die Form hinaus aufgegangen ist. Unterdessen den Backofen auf 220 °C vorheizen.

5 Das Brot 30 Minuten im Ofen backen, bis es goldbraun ist und beim Klopfen gegen die Unterseite hohl klingt. Auf ein Kuchengitter stürzen und vor dem Servieren vollständig auskühlen lassen.

Mehrkornbrot

Ergibt 1 mittelgroßes Brot

Zutaten

- 375 g Weizenmehl (Type 550), plus etwas mehr zum Bestäuben
- 125 g Roggenmehl (Type 1370)
- 1½ EL Magermilchpulver
- 1½ TL Salz
- 1 EL brauner Zucker
- 1 Päckchen Trockenhefe
- 1½ EL Sonnenblumenöl, plus etwas mehr zum Einfetten
- 2 TL Zitronensaft
- 300 ml lauwarmes Wasser
- 1 TL Kümmelsamen
- ½ TL Mohnsamen
- ½ TL Sesamsaat

BELAG

- 1 Eiweiß
- 1 EL Wasser
- 1 EL Sonnenblumen- oder Kürbiskerne

1 Mehl, Milchpulver, Salz, Zucker und Hefe in eine große Schüssel geben. Öl, Zitronensaft und Wasser hineingießen. Die Samen zufügen und alles zu einem weichen Teig verkneten. Den Teig auf einer leicht bemehlten Arbeitsfläche 10 Minuten kneten, bis er glatt und elastisch ist.

2 In eine eingefettete Schüssel legen, mit Frischhaltefolie abdecken und an einem warmen Ort 1 Stunde gehen lassen, bis sich sein Volumen verdoppelt hat.

3 Eine Kastenform (für ein 1000-g-Brot) einfetten. Den Teig auf einer bemehlten Arbeitsfläche erneut 1 Minute durchkneten und auf die Länge und dreimal die Breite der Form ausrollen. Dann von der kurzen Seite aus zweimal falten und mit der Nahtstelle nach unten in die Form legen. Abdecken und an einem warmen Ort weitere 30 Minuten gehen lassen, bis der Teig über die Form hinaus aufgegangen ist. Den Backofen auf 220 °C vorheizen.

4 Für den Belag das Eiweiß mit dem Wasser verquirlen und das Brot kurz vor dem Backen damit bestreichen. Die Sonnenblumenkerne vorsichtig oben in den Teig drücken.

5 Das Brot 30 Minuten im Ofen backen, bis es goldbraun ist und beim Klopfen auf die Unterseite hohl klingt. Auf ein Kuchengitter stürzen und vor dem Servieren vollständig auskühlen lassen.

Vollkornbrot

Ergibt 1 kleinen Laib

Zutaten

- 225 g Vollkornmehl, plus etwas mehr zum Bestäuben
- 1 EL Magermilchpulver
- 1 TL Salz
- 2 EL brauner Zucker
- 1 TL Trockenhefe
- 1½ EL Sonnenblumenöl, plus etwas mehr zum Einfetten
- 175 ml lauwarmes Wasser

1 Mehl, Milchpulver, Salz, Zucker und Hefe in eine große Schüssel geben. Öl und Wasser zufügen und alles zu einem glatten Teig vermengen.

2 Den Teig auf einer leicht bemehlten Arbeitsfläche 10 Minuten mit den Händen kneten. Den Teig zu einer Kugel formen. In eine eingefettete Schüssel legen, mit Frischhaltefolie abdecken und an einem warmen Ort 1 Stunde gehen lassen, bis sich sein Volumen verdoppelt hat.

3 Eine Kastenform (für ein 1000-g-Brot) einfetten. Den Teig auf einer bemehlten Arbeitsfläche erneut 1 Minute durchkneten und auf die Länge und dreimal die Breite der Form ausrollen. Dann von der kurzen Seite aus zweimal falten und mit der Nahtstelle nach unten in die Form legen. Abdecken und an einem warmen Ort weitere 30 Minuten gehen lassen, bis der Teig über die Form hinaus aufgegangen ist.

4 Den Backofen auf 220 °C vorheizen. Das Brot 30 Minuten goldbraun backen. Es ist fertig, wenn es beim Klopfen auf die Unterseite hohl klingt. Auf einem Kuchengitter auskühlen lassen.

Tomaten-Rosmarin-Focaccia

Ergibt 1 Laib

Zutaten

- 500 g Weizenmehl (Type 550), plus etwas mehr zum Bestäuben
- 1½ TL Salz
- 1½ TL Trockenhefe
- 2 EL frisch gehackter Rosmarin, plus einige Zweige zum Dekorieren
- 6 EL natives Olivenöl extra, plus etwas mehr zum Einfetten
- 300 ml lauwarmes Wasser
- 6 sonnengetrocknete Tomaten
- 1 TL grobes Meersalz

1 Mehl und Salz in eine Schüssel sieben. Die Hefe und den gehackten Rosmarin einrühren. Eine Mulde in die Mitte drücken. 4 Esslöffel Öl hineingeben und schnell mit einem Holzlöffel untermengen. Nach und nach das Wasser einrühren, aber nicht zu gründlich vermengen. Den Teig auf einer leicht bemehlten Arbeitsfläche 2 Minuten kneten. Der Teig ist recht klebrig – dennoch kein weiteres Mehl zugeben.

2 Den Teig zu einer Kugel formen. In eine eingefettete Schüssel legen, mit Frischhaltefolie abdecken und an einem warmen Ort 2 Stunden gehen lassen, bis sich sein Volumen verdoppelt hat.

3 Ein Backblech mit Öl einfetten. Den Teig auf einer leicht bemehlten Arbeitsfläche mit den Fäusten klopfen und etwa 1 Minute wieder aufkneten. Den Teig auf das Backblech geben und gleichmäßig verstreichen. Mit einem feuchten Küchentuch abdecken und nochmals 1 Stunde an einem warmen Ort gehen lassen.

4 Den Backofen auf 240 °C vorheizen. Die Tomaten vierteln. Das restliche Öl mit etwas Wasser in einer Schüssel verquirlen. Die Finger wiederholt eintauchen und überall auf dem Teig kleine Mulden eindrücken. Mit Meersalz bestreuen. Die Tomatenstücke in einige Mulden drücken und mit der restlichen Öl-Wasser-Mischung beträufeln. Die Rosmarinzweige auf dem Teig verteilen.

5 Die Ofentemperatur auf 220 °C reduzieren und die Focaccia 20 Minuten goldbraun backen. Auf einem Kuchengitter leicht abkühlen lassen und lauwarm servieren.

Bagels

Ergibt 10 Stück

Zutaten

- 350 g Weizenmehl (Type 550), plus etwas mehr zum Bestäuben
- 2 TL Salz
- 1 Päckchen Trockenhefe
- 1 EL leicht verquirltes Ei
- 200 ml lauwarmes Wasser
- Pflanzenöl, zum Bestreichen
- 1 Eiweiß
- 2 TL Wasser
- 2 EL Kümmelsamen

1 Mehl und Salz in eine große Schüssel geben und die Hefe einrühren. Eine Mulde in die Mitte drücken. Das Ei und das lauwarme Wasser hineingeben und alles zu einem Teig vermengen. Den Teig auf einer leicht bemehlten Arbeitsfläche etwa 10 Minuten gut durchkneten.

2 Den Teig zu einer Kugel formen. In eine eingefettete Schüssel legen, mit Frischhaltefolie abdecken und an einem warmen Ort 1 Stunde gehen lassen, bis sich sein Volumen verdoppelt hat.

3 Zwei Backbleche mit Öl einfetten, ein Tablett mit Mehl bestäuben. Den Teig auf einer leicht bemehlten Arbeitsfläche mit den Fäusten klopfen und etwa 2 Minuten wieder aufkneten. Den Teig in 10 Portionen teilen, jede Portion zu einer Kugel formen und 5 Minuten ruhen lassen. Mit bemehlten Händen jede Kugel leicht flach drücken, dann mit dem Griff eines Holzlöffels ein Loch in die Mitte stechen. Die 10 Bagels auf das bemehlte Tablett legen und dieses mit einem feuchten Küchentuch bedecken. An einem warmen Ort weitere 20 Minuten gehen lassen.

4 Unterdessen den Backofen auf 220 °C vorheizen. Wasser in einem großen Topf aufkochen, dann die Temperatur reduzieren, bis das Wasser gerade eben siedet. 2 Bagels hineingeben und 1 Minute pochieren. Wenden und weitere 30 Sekunden pochieren. Mit einem Schaumlöffel herausnehmen und auf einem Küchenhandtuch abtropfen lassen. Mit den restlichen Bagels ebenso verfahren.

5 Die Bagels auf den Backblechen auslegen. Das Eiweiß zusammen mit dem Wasser in einer Schüssel verquirlen und auf die Bagels pinseln. Mit Kümmel bestreuen und 25–30 Minuten goldbraun backen. Auf einem Kuchengitter auskühlen lassen.

Irisches Sodabrot

Ergibt 1 Laib

Zutaten

- 450 g Mehl
- 1 TL Salz
- 1 TL Natron
- 400 ml Buttermilch
- Butter, zum Einfetten

1 Den Backofen auf 220 °C vorheizen.

2 Mehl, Salz und Natron in eine Rührschüssel sieben.

3 Eine Mulde in die Mitte drücken und fast die ganze Buttermilch hineingeben.

4 Alles gut mit den Händen vermengen. Der Teig sollte sehr weich, aber nicht zu feucht sein. Bei Bedarf noch etwas Buttermilch zugeben.

5 Den Teig auf einer leicht bemehlten Arbeitsfläche leicht durchkneten. Einen runden Laib mit 20 cm Ø formen.

6 Den Laib auf ein eingefettetes Backblech geben und kreuzförmig einschneiden. Das Brot 25–30 Minuten im Ofen backen. Das Brot ist fertig, wenn es beim Klopfen auf die Unterseite hohl klingt. Auf einem Kuchengitter auskühlen lassen.

Fladenbrot mit Rosmarin und Zwiebeln

Ergibt 1 Laib

Zutaten

- 450 g Weizenmehl (Type 550), plus etwas mehr zum Bestäuben
- ½ TL Salz
- 1½ TL Trockenhefe
- 2 EL frisch gehackter Rosmarin, plus einige Zweige zum Dekorieren
- 5 EL natives Olivenöl extra, plus etwas mehr zum Bestreichen
- 300 ml lauwarmes Wasser
- 1 rote Zwiebel, in dünnen Ringen
- 1 EL grobes Meersalz

1 Mehl und Salz in eine Schüssel sieben. Die Hefe und den gehackten Rosmarin einrühren. Eine Mulde in die Mitte drücken. 3 Esslöffel Öl und das lauwarme Wasser hineingeben. Gründlich mit einem Holzlöffel verrühren, bis sich ein erster Teig formt, dann mit den Händen weiterkneten, bis sich der Teig in einer Kugel von der Schüssel löst. Den Teig auf einer leicht bemehlten Arbeitsfläche 10 Minuten gründlich kneten, bis er glatt und elastisch ist.

2 Den Teig zu einer Kugel formen. In eine eingefettete Schüssel legen, mit Frischhaltefolie abdecken und an einem warmen Ort 1 Stunde gehen lassen, bis sich sein Volumen verdoppelt hat.

3 Ein Backblech mit Öl bestreichen. Den Teig auf einer leicht bemehlten Arbeitsfläche mit den Fäusten klopfen und etwa 1 Minute wieder aufkneten. Dann die Kugel zu einer Teigplatte von etwa 30 cm Ø ausrollen und auf das Backblech legen. Das Backblech mit einem feuchten Küchentuch bedecken. An einem warmen Ort weitere 20–30 Minuten gehen lassen.

4 Den Backofen auf 200 °C vorheizen. Mit dem Griff eines Holzlöffels den Teig an der Oberfläche regelmäßig eindrücken. Die Zwiebelringe darauf verteilen, mit dem restlichen Olivenöl beträufeln und mit dem Meersalz bestreuen. 20 Minuten backen. Mit den Rosmarinzweigen belegen und noch einmal 5 Minuten goldbraun backen. Auf einem Kuchengitter leicht auskühlen lassen. Lauwarm servieren.

Käse-Schnittlauch-Brot

Für 8 Personen

Zutaten

- 25 g Butter, zerlassen, plus etwas mehr zum Einfetten
- 225 g Mehl
- 2 TL Backpulver
- 1 TL Salz
- 1 TL Senfpulver
- 100 g reifer herzhafter Käse, gerieben
- 2 EL frisch gehackter Schnittlauch
- 1 Ei, verquirlt
- 150 ml Milch

1 Eine Backform (24 cm x 24 cm) einfetten und mit Backpapier auslegen.

2 Mehl, Backpulver, Salz und Senfpulver in eine große Schüssel sieben.

3 Anschließend 3 Esslöffel Käse zum Bestreuen beiseitestellen.

4 Den restlichen Käse mit dem Schnittlauch zu der Mehlmischung geben und alles gut verrühren.

5 Ei, Butter und Milch zufügen und alles zu einem Teig verarbeiten.

6 Den Teig in die Form geben, mit einem Messer glatt streichen und mit dem beiseitegestellten Käse bestreuen.

7 Das Brot bei 190 °C im vorgeheizten Backofen 30 Minuten backen.

8 Das fertige Brot in der Form leicht abkühlen lassen. Vor dem Servieren auf einem Kuchengitter ganz auskühlen lassen.

Oliven-Tomaten-Brot

Ergibt 2 Laibe

Zutaten

- 400 g Weizenmehl, plus etwas mehr zum Bestäuben
- 1 TL Salz
- 1 Päckchen Trockenhefe
- 1 TL brauner Zucker
- 1 EL frisch gehackter Thymian
- 4 EL Olivenöl, plus etwas mehr zum Bestreichen
- 200 ml lauwarmes Wasser
- 50 g schwarze Oliven, in Scheiben
- 50 g grüne Oliven, in Scheiben
- 100 g sonnengetrocknete Tomaten, abgetropft und in Streifen
- 1 Eigelb, verquirlt

1 Mehl und Salz in eine Schüssel sieben. Hefe, Zucker und Thymian einrühren. Eine Mulde in die Mitte drücken. Öl und lauwarmes Wasser hineingeben. Gründlich mit einem Holzlöffel verrühren, bis sich ein erster Teig formt, dann mit den Händen weiterkneten, bis sich der Teig in einer Kugel von der Schüssel löst. Den Teig auf eine leicht bemehlte Arbeitsfläche geben und Oliven und Tomaten unterkneten. Dann noch 5 Minuten gründlich kneten, bis der Teig glatt und elastisch ist.

2 Den Teig zu einer Kugel formen. In eine eingefettete Schüssel legen, mit Frischhaltefolie abdecken und an einem warmen Ort 1–1½ Stunden gehen lassen, bis sich sein Volumen verdoppelt hat.

3 Ein Backblech mit Mehl bestäuben. Den Teig auf einer bemehlten Arbeitsfläche mit den Fäusten klopfen und wieder aufkneten. Den Teig halbieren und mit leicht bemehlten Händen jede Hälfte zu einem ovalen oder runden Laib formen. Die Laibe auf das Backblech legen. Das Backblech mit einem feuchten Küchentuch bedecken. An einem warmen Ort noch einmal 45 Minuten gehen lassen.

4 Den Backofen auf 200 °C vorheizen. 3 oberflächliche diagonale Schnitte auf jeden Laib setzen und mit dem verquirlten Eigelb bestreichen. 40 Minuten goldbraun backen. Das Brot ist fertig, wenn es beim Klopfen auf die Unterseite hohl klingt. Auf einem Kuchengitter auskühlen lassen.

Hefezopf

Ergibt 1 Zopf

Zutaten

- 350 g Weizenmehl (Type 550)
- ½ TL Salz
- 125 g kalte Butter, gewürfelt
- 25 g Zucker
- 1 Päckchen Trockenhefe
- 2 Eier, verquirlt
- 75 ml warme Milch
- verquirltes Ei, zum Bestreichen

1 Mehl und Salz in eine große Schüssel sieben. Die Butter zugeben und mit den Fingern in der Mehlmischung verreiben. Zucker und Hefe einrühren. Eine Mulde in die Mitte drücken.

2 Die Eier und die Milch zugeben. Alles gut zu einem weichen Teig verrühren. Auf einer bemehlten Arbeitsfläche 5–10 Minuten kneten, bis der Teig glatt und elastisch ist. Falls der Teig zu klebrig wird, etwas Mehl darüberstäuben.

3 Ein Backblech einfetten. Den Teig dritteln und jede Portion zu einer Rolle von 35 cm Länge formen. Die drei Rollen an einem Ende miteinander verkneten, dann einen Zopf daraus flechten. Die unteren Enden ebenfalls zusammenfügen.

4 Den Zopf auf das Backblech legen, lose mit eingeölter Frischhaltefolie bedecken und etwa 1 Stunde an einem warmen Ort gehen lassen, bis sich sein Volumen verdoppelt hat.

5 Den Backofen auf 190 °C vorheizen. Den Zopf mit verquirltem Ei bestreichen. 30–35 Minuten im Ofen backen. Nach etwa 25 Minuten mit Alufolie abdecken, damit er nicht zu stark bräunt. Warm servieren.

Parmesan-Pinienkern-Muffins

Ergibt 12 Stück

Zutaten

- 280 g Mehl
- 1 EL Backpulver
- 1 Prise Salz
- frisch gemahlener Pfeffer
- 90 g frisch geriebener Parmesan
- 60 g Pinienkerne
- 2 Eier
- 250 ml Buttermilch
- 6 EL Sonnenblumenöl oder 85 g Butter, zerlassen und abgekühlt

ZUM BESTREUEN

- 10 g frisch geriebener Parmesan
- 35 g Pinienkerne

1 Den Backofen auf 200 °C vorheizen. Eine 12er-Muffinform mit Papierförmchen auslegen.

2 Zum späteren Bestreuen den Parmesan und die Pinienkerne mischen und beiseitestellen.

3 Für die Muffins Mehl, Backpulver, Salz und Pfeffer in eine große Schüssel sieben. Parmesan und Pinienkerne zugeben.

4 Die Eier in einem Krug oder einer Schüssel verquirlen, dann die Buttermilch und das Öl zugeben und verschlagen. Eine Mulde in die Mehlmischung drücken und die Eiermilch hineinschütten. Vorsichtig verrühren, dabei nicht zu stark vermischen.

5 Den Teig in die Papierförmchen geben. Mit Pinienkernen und Parmesan bestreuen. Etwa 20 Minuten im Ofen backen. Die Muffins sollten gut aufgegangen sein, goldbraun aussehen und sich fest anfühlen.

6 Die Muffins 5 Minuten in der Form abkühlen lassen, dann warm servieren.

Chili-Polenta-Muffins

Ergibt 12 Stück

Zutaten

- 175 g Mehl
- 4 TL Backpulver
- 175 g Polenta
- 2 EL Zucker
- 1 TL Salz
- 4 Frühlingszwiebeln, fein gehackt
- 1 rote Chili, entkernt und fein gehackt
- 3 Eier, verquirlt
- 150 g Joghurt
- 150 ml Milch

1 Den Backofen auf 200 °C vorheizen. Eine 12er-Muffinform mit Papierförmchen auslegen.

2 Das Mehl mit dem Backpulver in eine große Schüssel sieben. Polenta, Zucker, Salz, Frühlingszwiebeln und Chili einrühren. Eier, Joghurt und Milch verquirlen und zu der Mehlmischung geben. Alles verrühren, dann in die Papierförmchen füllen.

3 Im Ofen 15–20 Minuten backen. Die Muffins sollten gut aufgegangen sein, goldbraun aussehen und sich fest anfühlen. Warm servieren.

Lachstörtchen mit Dill & Meerrettich

Ergibt 6 Stück

Zutaten

- 75 g kalte Butter, gewürfelt, plus etwas mehr zum Einfetten
- 125 g Mehl, plus etwas mehr zum Bestäuben
- 1 Prise Salz
- kaltes Wasser

FÜLLUNG

- 125 g Crème fraîche
- 1 TL Meerrettich, gerieben
- ½ TL Zitronensaft
- 1 TL Kapern, gehackt
- Salz und Pfeffer
- 3 Eigelb
- 200 g Räucherlachs, in feinen Streifen
- 1 Bund frisch gehackter Dill, plus einige Zweige zum Garnieren

1 Vorab 6 Tarteletteformen (9 cm Ø) einfetten. Mehl und Salz in eine Schüssel sieben. Die Butter mit den Fingern in der Mehlmischung zu einer krümeligen Masse verreiben. So viel Wasser zugeben, dass ein geschmeidiger Teig entsteht. Den Teig auf einer bemehlten Arbeitsfläche in 6 gleich große Stücke teilen. Die Stücke ausrollen und in die Formen legen. Den Teig gut andrücken. Mit dem Nudelholz über die Formen fahren, um überstehende Ränder zu entfernen. Die Teigböden mit Backpapier auslegen, mit Backbohnen beschweren und für 30 Minuten in den Kühlschrank stellen. Den Backofen auf 200 °C vorheizen.

2 Die gekühlten Teigböden 10 Minuten im Ofen blindbacken. Dann Bohnen und Backpapier entfernen.

3 Für die Füllung Crème fraîche, Meerrettich, Zitronensaft, Kapern, Salz und Pfeffer in einer Schüssel gut vermischen. Eigelb, Lachs und Dill zugeben und alles sorgfältig mischen. Die Mischung auf den Teigböden verteilen. Im Ofen weitere 10 Minuten backen. Die Törtchen vor dem Servieren 5 Minuten in den Formen abkühlen lassen.

Walnuss-Roquefort-Törtchen

Ergibt 12 Stück

Zutaten

- 100 g kalte Butter, gewürfelt, plus etwas mehr zum Einfetten
- 225 g Mehl, plus etwas mehr zum Bestäuben
- 1 Prise Selleriesalz
- 40 g Walnüsse, fein gehackt
- kaltes Wasser

FÜLLUNG

- 2 EL Butter
- 2 Selleriestangen, fein gehackt
- 1 kleine Porreestange, fein gehackt
- 240 g Crème fraîche
- 200 g Roquefort, zerbröckelt
- Salz und Pfeffer
- 3 Eigelb

1 Eine 12er-Muffinform einfetten. Mehl, Salz und Butter mit den Fingern zu einer krümeligen Masse verreiben. Walnüsse und so viel Wasser zugeben, dass ein geschmeidiger Teig entsteht. Den Teig halbieren und eine Hälfte auf einer bemehlten Arbeitsfläche ausrollen. 6 Kreise (9 cm Ø) daraus ausschneiden. Die Kreise weiter ausrollen (12 cm Ø), in 6 Vertiefungen der Form legen und gut andrücken. Mit der anderen Hälfte des Teigs ebenso verfahren. Alle Vertiefungen mit Backpapier auslegen, Backbohnen einfüllen und den Teig 30 Minuten in den Kühlschrank stellen. Den Backofen auf 200 °C vorheizen.

2 Die Teigböden 10 Minuten blindbacken. Dann Backbohnen und Backpapier entfernen.

3 Für die Füllung Butter in einer Pfanne zerlassen, darin Sellerie und Porree 15 Minuten weich dünsten. 2 Esslöffel Crème fraîche und den Käse zugeben. Das Ganze gut verrühren und mit Salz und Pfeffer würzen. Die restliche Crème fraîche in einem Topf bis zum Siedepunkt erhitzen, Eigelb unter Rühren hineingeben. Die Käse-Gemüse-Mischung unterrühren. Die Füllung auf die Vertiefungen verteilen und etwa 15 Minuten backen. Das Blech nach 10 Minuten drehen und weitere 5 Minuten backen. Die Törtchen 5 Minuten im Blech auskühlen lassen.

Spargel-Ziegenkäse-Quiche

Für 6 Personen

Zutaten

- 250 g herzhafter Mürbeteig, frisch oder Tiefkühlware, aufgetaut
- Mehl, zum Bestäuben
- 250 g grüner Spargel
- 1 EL Pflanzenöl
- 1 rote Zwiebel, fein gehackt
- 25 g Haselnüsse, gehackt
- 200 g weicher Ziegenkäse
- 2 Eier, verquirlt
- 4 EL Sahne
- Salz und Pfeffer

1 Den Teig auf einer leicht mit Mehl bestäubten Arbeitsfläche ausrollen, in eine Springform (24 cm Ø) einpassen, mit einer Gabel einstechen und für 30 Minuten in den Kühlschrank stellen.

2 Den Teigboden mit Backpapier auslegen, mit Backbohnen beschweren und 15 Minuten in einem vorgeheizten Backofen bei 190 °C blindbacken.

3 Folie und Bohnen entfernen und den Teig weitere 15 Minuten backen.

4 Den Spargel in siedendem Wasser 2–3 Minuten kochen, abtropfen lassen und in mundgerechte Stücke schneiden.

5 Das Öl in einem kleinen Topf erhitzen. Die Zwiebel darin weich dünsten und mit dem Spargel und den Haselnüssen auf dem Teig verteilen.

6 Käse, Eier und Sahne verrühren, bis eine weiche Masse entstanden ist. Diese mit Salz und Pfeffer würzen und über die Spargelmischung gießen.

7 Die so vorbereitete Quiche 15–20 Minuten backen, bis die Käsemischung stockt. Anschließend warm oder kalt servieren.

Zwiebelkuchen

Für 6 Personen

Zutaten

- 250 g herzhafter Mürbeteig, frisch oder Tiefkühlware, aufgetaut
- Mehl, zum Bestäuben
- 40 g Butter
- 75 g Schinkenspeck, gewürfelt
- 700 g Zwiebeln, in feinen Ringen
- 2 Eier, verquirlt
- 300 g Crème fraîche
- 50 g frisch geriebener Parmesan
- 1 TL Salbei
- Salz und Pfeffer

1 Den Teig auf einer leicht mit Mehl bestäubten Arbeitsfläche ausrollen und in eine Springform (24 cm Ø) einpassen.

2 Den Teig mit einer Gabel einstechen und für 30 Minuten in den Kühlschrank stellen.

3 Die Butter in einem Topf erhitzen. Speck und Zwiebeln darin bei geringer Hitze etwa 25 Minuten weich dünsten. Wenn die Zwiebelscheiben braun werden, 1 Esslöffel Wasser zugeben.

4 Den Backofen auf 180 °C vorheizen. Die Eier und die Crème fraîche mit der Zwiebelmischung verrühren. Käse und Salbei zugeben, alles mit Salz und Pfeffer würzen und gut vermengen.

5 Die so entstandene Mischung auf dem vorbereiteten Teig verteilen.

6 Den Kuchen 20–30 Minuten backen, bis die Füllung stockt.

7 Anschließend einige Minuten in der Form abkühlen lassen und warm oder kalt servieren.

Kartoffeln in Blätterteig

Für 6 Personen

Zutaten

- Butter, zum Einfetten
- 750 g Kartoffeln, in dünnen Scheiben
- 1 rote Zwiebel, fein gehackt
- 2 Frühlingszwiebeln, fein gehackt
- 150 g Crème double
- Salz und Pfeffer
- 500 g Blätterteig, frisch oder Tiefkühlware, aufgetaut
- 2 Eier, verquirlt

1 Ein Backblech leicht einfetten. Wasser in einen Topf geben, zum Kochen bringen, Kartoffelscheiben zugeben und einige Minuten gar köcheln lassen. Dann abtropfen und abkühlen lassen. Eventuell überschüssige Feuchtigkeit mit Küchenpapier abtupfen.

2 Rote Zwiebel, Frühlingszwiebeln und Kartoffelscheiben in einer Schüssel vermengen. 2 Esslöffel Crème double zugeben und alles mit Salz und Pfeffer würzen.

3 Den Backofen auf 200 °C vorheizen. Den Teig halbieren. Eine Hälfte zu einem Kreis (etwa 23 cm Ø), die andere zu einem Kreis (etwa 25 cm Ø) ausrollen.

4 Den kleineren Teigkreis auf das vorbereitete Backblech geben und mit der Kartoffelmischung belegen. Dabei einen Rand von 2,5 cm lassen. Diesen mit etwas verquirltem Ei bestreichen.

5 Das größere Teigstück über die Füllung legen. Die Ränder gut zusammendrücken und einkräuseln. Ein Loch in die Teigdecke stechen, damit Dampf entweichen kann. Den so vorbereiteten Pie mit einem weiteren Teil des Eis bestreichen und 30 Minuten backen.

6 Das restliche Ei mit der übrigen Crème double verquirlen und in das Loch in der Teigdecke gießen. Den Pie weitere 15 Minuten backen, dann 30 Minuten abkühlen lassen und servieren.